Les 30 plus bea

sentier

Balades
A PIED

éon
ôte des Abers
rozon
Monts d'Arrée
Cornouaille

Finistère

Daniel MICHEL

Chamina
EDITION

Photo de couverture : côte nord-ouest d'Ouessant et le phare du Créac'h. -DM-
Vignette : le Goyen, et ses parcs à huîtres. -DM-
4e de couv : musée à flot du Port Rhu sur lequel veille l'île Tristan (gauche), plage de Pen Hat et pointe du Toulinguet (droite). -DM-

Île-de-Batz, Porz an Eog. -DM-

Finistère

Le port depuis le viaduc. -DM-

Morlaix, les 3 coteaux au cœur de la cité

Blotti entre ses collines, baigné par 2 rivières, le Queffleuth et le Jarlot, Morlaix est complexe à découvrir. En assemblant, escaliers, venelles, places et rues, vous reconstituerez le puzzle de cette cité.

Maison dite de la Duchesse Anne. -DM-

PAS DE BALISAGE - 2 h 00
5,3 km ▼ 3 m ▲ 60 m
DÉNIVELÉE : 202 m

Accès au départ : par N 12 - E 50, Morlaix, centre-ville, viaduc.
Stationnement : parkings à proximité du viaduc.

Nombreux escaliers sur le parcours. Accès libre au 1er étage du viaduc de 8 h à 19 h 30.

D Du Viaduc, aller vers le port. Au 10 place Ch.-de-Gaulle Ⓐ maison dite Pénanault (XVIIe s.). Au rond-point, monter à gauche, rue de la Villeneuve. Au 13, Ⓑ la chapelle Saint-Joseph (XIXe s.).

1 Entre le 32 et le 34, tourner à gauche, venelle aux Pipes. Au bout à gauche. Descendre la 1re à gauche. Passer sous le pont. A/R à gauche, venelle de la Roche, pour découvrir Ⓒ le Viaduc (1864) soutenant la voie ferrée.

Le 1er niveau domine le cœur de la ville, 1er accès. Laisser à gauche (D) la chapelle Notre-Dame-des-Anges, 1954.

2 Continuer rue du Général Le Flo. **(variante à gauche, rue Courte)**. Après les escaliers, en face. Contourner (E) l'église Saint-Martin (XVIIIe s.), par la droite. Descendre l'escalier à droite. En bas, à gauche. Traverser les 2 rues. Descendre entre les n° 57 et 55 vers (F) le lavoir Collobert. En sortant, à gauche. Au n° 32, descendre sous l'immeuble. En bas, à gauche. Tourner à gauche au pignon du (G) théatre de Morlaix, 1888.

3 Aller à gauche. Monter l'escalier au 35. À droite dans la (H) rue Longue. En face, venelle Saint-Laurent et à gauche. Dans la rue Carnot, à droite, Grande Rue. Longer les (I) maisons à encorbellement et à Pondalez, (XVe-XVIe s.). 2 fois à droite sur la place Allende (J) maison dite de la Duchesse Anne. Au bout de la rue Traverse, faire gauche-droite pour monter vers (K) le square du château.

4 Descendre l'escalier à gauche puis à droite. Passer à gauche de (L) l'église Saint-Mathieu (XVIe-XIXe s.). Au bout à droite et 2 fois à gauche. Traverser et longer (M) le Jarlot. Au (N), musée des Jacobins.

Fontaine des Carmélites. -DM-

TGV sur le viaduc de Morlaix. -DM-

5 Monter la venelle des Fontaines. Gravir l'escalier à gauche, venelle A. Ropars (raccourci, 1re à gauche). En haut à droite suivre la rue Fenoux, (O) A/R, fontaine des Carmélites (XVe s.). Passer sous la voie ferrée. 2 fois à gauche.

6 Passer le viaduc (2e accès). Descendre la venelle aux Prêtres. En bas, traverser (P) la rue A. de Guernissac et ses maisons à colombages. Au portail, traverser le parvis de (Q) l'église Saint-Melaine à droite. Descendre les marches pour revenir au départ.

Cairn de Barnénez et

Port de Térénez et baie de Morlaix. -DM-

AU FIL DU PARCOURS

D Laisser **le port à droite et la plage à gauche**. Prendre la voie sans issue à gauche avant de monter la route de Térénez. 20 m après, à droite, monter la rue de Paris. En haut, en face et à droite route de Plouezoc'h sur 350 m. Descendre à droite. Suivre le sentier qui part à gauche au plus près de la côte. Longer **l'anse de Térénez**.

1 Laisser le cordon dunaire à droite et contourner les bâtiments ostréicoles par la gauche. Sur la D 76, à droite **(prudence) (raccourci en face)**. À la sortie de la courbe à gauche, tourner à droite. Passer **la chapelle Saint-Gonven**. Aller à droite vers Kernéléhen. En sortant du hameau, à droite **(variante par le cairn de Barnénez : tout droit)**. Au bout de la route sans issue, à droite et au bout passer à gauche de la maison. Passer les établissements ostréicoles **(prudence)**.

2 Sur la route monter à gauche 50 m et à droite **(vue sur l'île Stérec, Térénez, le château du Taureau et l'île Louët)**. Redescendre vers le rivage. Laisser à gauche **le cairn de Barnénez, alors qu'à droite les parcs à huîtres et Carantec se découvrent dans la baie de Morlaix.**

3 Avant La Palud de Kerarmel, passer la barrière et monter le sentier à gauche vers Kerarmel. Au sortir de la courbe à droite, tourner à gauche. Sur la D 76, faire 100 m à droite, et aller dans le chemin à gauche **(prudence)**. Au bout à gauche et suivre ce chemin jusqu'à Trémascloët. Tourner 2 fois à gauche puis 2 fois à droite. À kerbabu, à gauche, traverser le hameau. Au bout à gauche.

4 À Pen ar C'hra, suivre la route de Térénez et descendre par la rue de Paris pour revenir au départ.

baie de Morlaix

2

PLOUGASNOU | PLOUÉZOC'H

La baie de Morlaix pourrait aussi porter le nom de baie des Îles tant celles-ci sont nombreuses et de caractère différent. Posées sur l'océan, les îles Callot, Louët, Noire, ou du château du Taureau vous regarderont passer.

Cairn de Barnénez. -DM-

Le cairn de Barnénez, « Parthénon Mégalithique » selon Malraux

Signalé comme tumulus vers 1850, les premières mesures de protection pour la sauvegarde ne seront prises qu'en 1955, alors qu'un entrepreneur de travaux publics en extrayait les pierres pour construire les routes des environs. Il sera classé aux Monuments historiques l'année suivante. Long de 75 m, large de 28 m et haut de 6 m, il est composé de 11 tombes à couloirs ou dolmens qui en font un des plus grands d'Europe. Un premier cairn, dit primaire, situé en haut de la colline comporte 5 tombes. Le second, situé sur le côté mer, offre 6 tombes dont certaines sont visibles « en coupe » du fait des prélèvements de l'entrepreneur. En 2012, et pour la première fois dans un mégalithe breton, des chercheurs ont découvert des traces de polychromie analogue à celles que l'on trouve sur ce type de monument en Espagne.

Partie du cairn de Barnénez démantelée par l'entrepreneur. -DM-

Balisage : blanc-rouge de D à 3, jaune de 2 à 4, pas de balisage de 4 à D

4 h 35

14 km

▼ 3 m

▲ 61 m

Dénivelée 333 m

ACCÈS AU DÉPART

De Plouézoc'h, D 76 direction Térénez.
Stationnement : à Térénez, parking près de l'école de voile.

ATTENTION : accès payant pour le cairn de Barnénez. Les concessions ostréicoles sont des zones d'activités professionnelles, vous y entrez sous votre responsabilité. Respecter les espaces de travail.

INTÉRÊTS

Port et plage de Térénez • Chapelle Saint-Gonven • Cairn de Barnénez • Baie de Morlaix

À proximité :

Moulin à mer de Mélin Vor • Saint-Samson • Le Dourduff-en-Mer • Église et chapelle de Kernitron à Lanmeur • Église et oratoire à Plougasnou • Locquirec, Morlaix

Ci-dessus : kniphofia ou tison de Satan.
Ci-contre : Porz an Eog. -DM-

AU FIL DU PARCOURS

D Du débarcadère, longer le quai. Au carrefour de l'église, à gauche. Longer **Porz Kernok. port principal de l'île**. À l'ouest de la plage, passer **la cale du Vil**. En haut de la montée, vous dominez **Porz an Eog et ses bateaux**. Suivre la rue en face **(raccourci à droite)**.

1 En bord de mer, aller à droite. Monter le chemin près de la côte. Longer le terrain de sport et le camping **(à droite, variante par le phare)**. Passer derrière l'ancien abri du canot de sauvetage. Avant le fortin, monter à droite. **A/R à l'ancien corps de garde - Maison du Corsaire qui domine au sud la pointe de Perharidi, Santec et l'île de Siec.**

2 Continuer vers le nord pour arriver au **Trou du Serpent**. Longer le cordon de galets.

3 Le chemin tourne à droite puis à gauche parmi **les parcelles de carottes, fenouil, choux-fleurs, pommes de terre...** Passer **la grande plage de Aod Venn (récolte des algues)**. Traverser la dune enherbée **(vue sur la baie de Morlaix)**.

4 Après la pointe Penn ar C'hleger **qui fait face à Roscoff**, longer **le jardin créé par G. Delaselle**. À la croisée de chemins, à l'arrière de la plage de Penn Batz, **A/R, ruines de la chapelle Sainte-Anne, xe s.**

5 Monter le chemin de gauche. Sur la route, à gauche. Au Y près du calvaire, descendre à gauche. Rejoindre le quai et le débarcadère.

Île de Batz

ÎLE-DE-BATZ

3

On la dit discrète et elle l'est. La vie de ses habitants se fait au rythme de l'agriculture et de la pêche. Entre les ports et les champs, la nature exposée aux embruns, présente de grands espaces de dunes ou sur la lande rase viennent nicher mouettes et goélands.

Agriculture et pêche, les poumons économiques de Batz

Pour fertiliser les 160 ha de terre agricole, les agriculteurs répandent au printemps et en automne le goémon récolté sur les plages. Les 27 exploitations de l'île (dont 11 en bio) veillent à préserver une terre qui donnera dès la fin avril une pomme de terre primeur réputée. En effet, avec 2 à 4 °C de plus que sur le continent, les productions insulaires arrivent à la vente avec 2 à 3 semaines d'avance sur leurs homologues. Les parcelles donnent l'impression d'un grand jardin potager avec, selon la saison, choux-fleurs, échalotes, persil, fenouil. La flottille de pêche compte deux chalutiers et une dizaine de caseyeurs et fileyeurs. Des ventes de l'ensemble de ces produits sont proposées aux particuliers sur les marchés de l'île de Batz et Roscoff.

En vignette : débarquement de goémon au port de Roscoff.
Ci-dessous : l'île de Batz vit toujours des productions de la terre et de la mer. -DM-

Pas de balisage

3 h 35

11,6 km

▼ 3 m

▲ 28 m

Dénivelée 190 m

ACCÈS AU DÉPART

Depuis Roscoff, vieux port ou extrémité de l'estacade (selon marée).
Stationnement : à proximité du vieux port, le parking Auxerre, sur le port ou à proximité.

ATTENTION : la nature est ici très fragile : pas de bâtons de marche, ramenez vos déchets et ceux de votre chien (tenu en laisse) dans les poubelles, ne prélevez aucune plante, ne pas déplacer pierres et galets. Protection solaire, lunettes et crème conseillées.

INTÉRÊTS

★ Ports, plages, phare. La cale du Vil accueille la barge qui assure approvisionnement et départ des productions locales • Trou du Serpent : saint Pol-Aurélien y terrassa le serpent qui semait la panique sur l'île • Jardin créé par Georges Delaselle en 1897, petit paradis insulaire avec ses plantes provenant des 4 coins du monde

À proximité :

★ Roscoff, ses ports, l'église Notre-Dame-de-Croaz-Batz, chapelle Sainte-Barbe, les demeures d'armateurs • Saint-Pol-de-Léon, Camaret, Morlaix

Enclos paroissial

Enclos paroissial et chapelle Notre-Dame à Berven. -DM-

AU FIL DU PARCOURS

D Dos à la D 788, traverser la place du Champ de Foire. Laisser à droite **l'enclos paroissial avec la chapelle Notre-Dame et son clocher qui a servi de modèle pour Notre-Dame-de-Croaz-Batz de Roscoff, l'oratoire de Pénity, et l'Arc de triomphe (XVIe s.)** puis 150 m après **la fontaine Notre-Dame (XVIIIe s.)**. Sur la D 35, aller à gauche sur 80 m. Tourner à gauche. À Kermojean à droite.

1 Sur l'allée de la gare, à gauche. Suivre le chemin qui va à gauche. Descendre à droite sur 180 m puis à gauche. Au croisement de chemin, à droite. Au bout, à gauche sur 250 m et à droite. Traverser la route.

2 Avant le bâtiment agricole, à gauche. Longer **l'étang et le moulin de Bant**. Poursuivre en face. Passer le ruisseau. Au carrefour de chemin, à droite et 1er chemin à gauche. À Kervistin, à gauche. Traverser la D 19 **(prudence)**. Suivre le chemin à gauche en sortant du hameau.

3 Sur la route, en face. Contourner la carrière en la laissant à votre gauche pour arriver à La Marche. Faire droite et gauche. En bas, le chemin à droite avant le cours d'eau. Sur la route à droite.

4 Passer **le calvaire et l'église Saint-Péran** à Trézilidé. Aller à gauche sur la D 788 **(prudence)** et 1re à droite.

5 À Leslouc'h à gauche. Au carrefour de Bellevue, tout droit **(prudence pour traverser)**. Aller à droite pour laisser les serres à votre gauche. Tourner 2 fois à droite. Au carrefour à gauche et tout de suite le passage à droite.

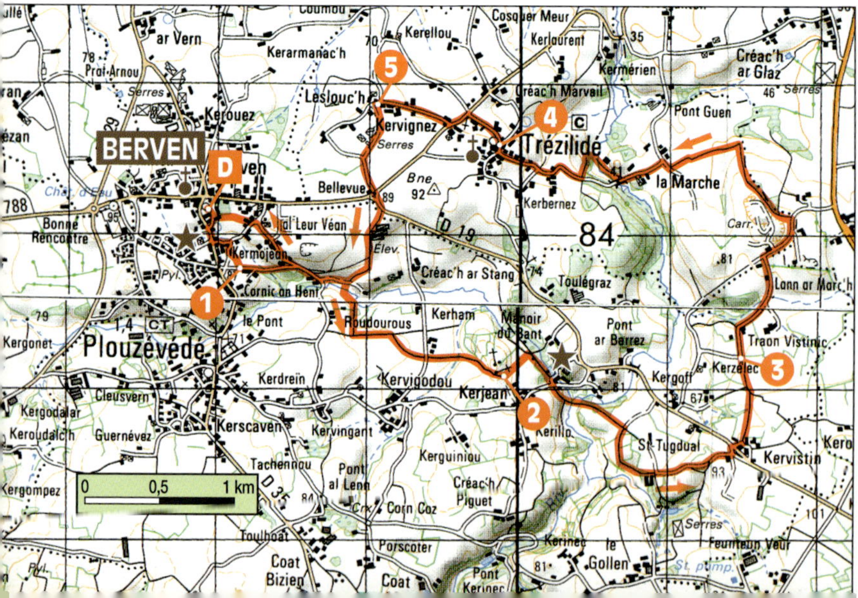

de Berven

PLOUZÉVÉDÉ | TRÉZILIDÉ

4

Au début du XXe siècle, le chemin de fer métrique comptait 214 km de voies dans le Finistère. L'allée de la gare, que vous empruntez avec ce circuit, suit le tracé de la ligne Rosporden – Plouescat qui s'étirait sur 135 km. Elle traversait les montagnes Noires et les monts d'Arrée.

Fontaine Notre-Dame à Berven. -DM-

Balisage : jaune de D à 4 et 5 à D, pas de balisage de 4 à 5

4 h 10

13,1 km

▼ 35 m

▲ 91 m

Dénivelée 228 m

ACCÈS AU DÉPART

Par la D 788, entre Saint-Pol-de-Léon et Lesneven. Stationnement : à Berven, place du Champ de Foire, près de la chapelle Notre-Dame.

INTÉRÊTS

Enclos paroissial de la chapelle Notre-Dame à Berven • Étang et moulin de Bant • Calvaire et église de Saint-Péran à Trézilidé

À proximité :

Château de Kerjean, nombreux châteaux et manoirs • Enclos paroissial de Bodilis • Saint-Pol-de-Léon • Roscoff • Île de Batz

Plouzévédé

À partir du Ve siècle, la structure de base dans l'organisation religieuse est avant tout la paroisse baptismale ou *Ploue*. Ce mot breton, qui vient du latin *plebs*, se retrouve sous différentes formes *(Plou, Ploe, Plu, Plo, Pleu, Plé, Pli,...)*. Encore qu'il puisse être suivi d'un adjectif, d'un nom commun, d'un nom propre de lieu, c'est à un nom de saint, que dans les trois quarts des cas, il est associé.

Plouzévédé : *Ploue* de saint Tévédé (disciple de saint Paul Aurélien au VIe siècle).

Sur 180 toponymes en *Plou* dénombrés en Bretagne, 76 sont localisés en Finistère.

In « Encyclopédie Bonneton Finistère ». Avec l'aimable autorisation de reproduction des Éditions Bonneton. Extrait de l'article de Ronan Calvez et Jean André Le Gall p 147.

D'origine méditerranéenne, l'artichaut Petit Violet est ici comme chez lui. -DM-

L'échalote est cultivée en Bretagne depuis le XVIIe s. -DM-

Orpin d'Angleterre. -DM-

Plouescat. -DM-

Plouescat,

AU FIL DU PARCOURS

D Face au large et au **dos de l'hippocampe** partir à droite. À la fin de la courbe, tourner à gauche pour suivre le sentier. À la crique continuer à gauche, passer entre la côte et les maisons. Continuer par la route pour arriver au lieu-dit Zan.

1 Tourner à droite rue de Forban. Suivre le chemin principal. À Forban, aller à droite. Passer **la croix de granite** et tourner à droite juste après le petit étang. À gauche sur la route.

2 Au croisement à gauche **(raccourci à droite)**. Sur la D 30, à droite, **(prudence)**. Au bout de la ligne droite, ne pas suivre le virage et prendre un chemin en face. À Lannérien, à gauche. Passer **le menhir de Prat Meur**, et suivre en face. Croisement suivant à droite. Sur la route, traverser et aller à droite sur 50 m par la piste cyclable. Tourner à gauche pour prendre le chemin qui pénètre dans le champ.

3 À droite en arrivant dans **l'anse de Kernic, site important pour les oiseaux migrateurs, mais aussi hippodrome marin.** Laisser **les vestiges de l'allée couverte de Guirnivit** à votre gauche. Le passage entre **les pointes de Pen-an-Théven et de Ty-an-Aot, sur l'autre rive, offre une belle vue sur les Dunes de Ker Emma, et la Grève de Goulven mais c'est aussi, un passage dangereux du fait des forts courants qui y passent**. Longer **la plage de Porsmeur pour arriver à Porz Guen et son petit port.** Aller à gauche, rue Pors ar Stréat pour revenir au départ

l'anse de Kernic

5

PLOUESCAT

L'anse de Kernic et les dunes de Ker Emma sont des sites remarquables pour l'observation des oiseaux migrateurs.

-DM-

Plus de 150 espèces d'oiseaux profitent de cette zone protégée, dont les barges rousses, pluviers argentés, chevaliers arlequins, et en très petits nombres, des spatules blanches.

Les Chemins du Patrimoine

Les Chemins du Patrimoine, établissement public soutenu par le Conseil général vous ouvre les portes de 5 des plus beaux domaines du département. L'abbaye de Daoulas (XIIe siècle) est réputée pour ses expositions mais aussi pour son jardin de plantes médicinales. Dans la vallée du Queffleuth, au pied des monts d'Arrée, l'abbaye du Relecq, fondée en 1132 est un lieu riche des vestiges laissés pendant 6 siècles par les moines cisterciens. Le manoir de Kernault (XVe siècle) et son verger-conservatoire propose des spectacles dédiés au son et à la parole. Le domaine de Trévarez (XIXe siècle), perché sur les montagnes noires vous offre une magnifique promenade dans un parc forestier de 85 ha ou les camélias, rhododendrons et hortensias sont majestueux à leur floraison. Et si vous souhaitez assister à une conférence ou voir une exposition, le château de Kerjean, à 15 km au sud de Plouescat, sera le lieu idéal.

Balisage : blanc-rouge de D à 1 et 3 à D, pas de balisage de 1 à 2, jaune de 2 à 3

2 h 40
9,2 km
▼ 3 m
▲ 16 m
Dénivelée 105 m

ACCÈS AU DÉPART

De Plouescat suivre la D 30, ZA de Kergrist, Porz-ar-Stréat.
Stationnement : à Porz-ar-Stréat, parking près de la statue de l'hippocampe.

INTÉRÊTS

Statue de l'hippocampe • Croix de granite • Menhir de Prat Meur • Anse de Kernic • Allée couverte de Guirnivit • Pointe de Pen-an-Théven, plage de Porsmeur, Porz Guen

À proximité :

Halles de Plouescat • Fours à goémon et menhir de Cam Louis • Nombreux manoirs et châteaux • Hameau de Ménez-Ham • Enclos paroissial de Berven • Roscoff • Île de Batz

Anse de Kernic, avec les pointes de Pen-an-Théven et de Ty-an-Aot. -DM-

Chapelle Pol et sa guérite. -DM-

AU FIL DU PARCOURS

D Du **hameau de Menez-Ham** rejoindre **le corps de garde, érigé entre les rochers, XVIIe s., site discret mais idéal pour la surveillance de ce littoral difficile de navigation**. Rejoindre la côte **sur laquelle était récolté et séché le goémon** et suivre à gauche. Sur la route à gauche pour passer la digue.

1 Tourner à gauche 80 m avant le petit pont de pierre et prendre le chemin de droite pour longer le cours d'eau. À Méham, le chemin en face à gauche. Sur la route à gauche puis à droite. Au bout, monter à droite au-dessus du **lavoir et sa fontaine**. Sur la route, 1er sentier à gauche. Passer Keriot. Sur la route à gauche.

2 À la sortie de Kergoloc, suivre le chemin VTT à droite **(raccourci à gauche)** jusqu'à arriver sur la route à Kergrohen **(variante à gauche)**.

3 À Kergrohen, en sortie de la courbe à droite, suivre le chemin qui part à gauche et aller tout droit. À Douvez, 2 fois à gauche sur la route. Au carrefour avant le cimetière, à droite sur 200 m et obliquer à gauche vers la rue des acacias. Au bout, 2e à gauche rue Goulven Pont **(variante : par coefficient de marée supérieur à 90, à gauche, rue Naot Hir)**.

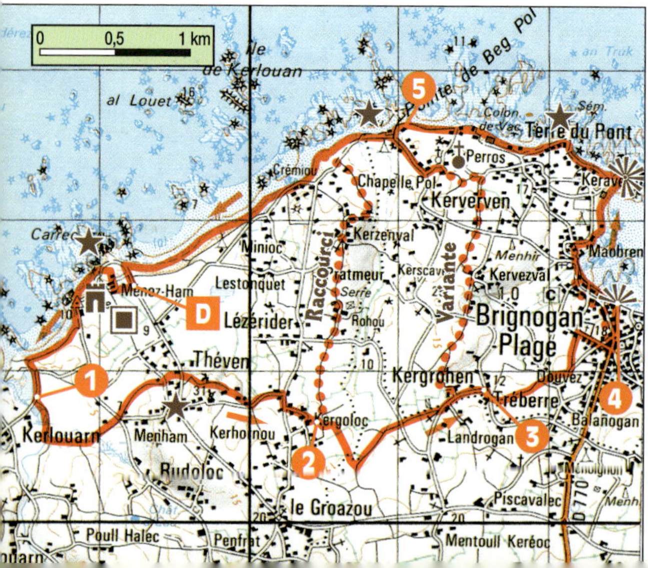

4 Longer à gauche **la grande plage, et l'anse où les bateaux trouvent abri**. Traverser le parking pour rejoindre et longer le haut de **la plage des Crapauds** pour arriver à la **pointe de Kéravézan**. Longer la côte pour contourner **le sémaphore de Brignogan**.

5 Laisser à droite **le phare de Pontusval**. Au parking, **A/R vers le calvaire et la chapelle Pol, XVIe s.** Suivre le sentier à droite pour revenir au départ.

Menez-Ham

PLOUNÉOUR-TREZ | BRIGNOGAN-PLAGE

6

Le corps de garde de Ménez-Ham a un toit en pierre, dit-on, parce qu'autrefois entre deux tours de garde, les habitants des environs venaient voler les bois de charpente… Cette époque révolue nous laisse découvrir aujourd'hui un beau village.

Balisage : blanc-rouge de D à 1 et 4 à D, jaune de 1 à 2, VTT jaune de 2 à 3, vert de 3 à 4

3 h 50

13,5 km

▼ 3 m

▲ 20 m

Dénivelée 125 m

ACCÈS AU DÉPART

Au carrefour de Piscavalec, sur la D 770, tourner à gauche direction Ménez-Ham. Stationnement : parking de Ménez-Ham.

INTÉRÊTS

Hameau et corps de garde de Ménez-Ham (ancien casernement devenu village de paysans-pêcheurs-goémoniers) • Lavoir et fontaine de Théven • Grande Plage • Pointe de Kéravézan • Sémaphore de Brignogan, phare de Pontusval • Calvaire et chapelle Pol

À proximité :

Menhir de Pontusval • Enclos paroissial de Plounéour-Trez • Réserve ornithologique de la baie de Goulven • Aber Wrac'h, aber Benoît

Menez-Ham

C'est le commandant en chef de la Province de Bretagne, le duc d'Aiguillon, qui fera construire vers 1756, un poste de guet. Blotti entre les rochers à 20 m au-dessus de la mer, il est aussi discret qu'efficace pour la surveillance des côtes. L'armée y logera jusqu'à la relève par la douane en 1817 qui elle-même l'occupera jusqu'en 1845. En 1840, il sera complété d'un côté, d'une caserne pour abriter les douaniers et leurs familles, et de l'autre de petites maisons couvertes de chaume avec peu d'ouvertures, louées aux paysans-pêcheurs-goémoniers. Ménez-Ham continuera de s'agrandir jusqu'à la fin du XIXe siècle et sera un village actif jusqu'en 1978. Le manque de confort moderne causera le départ des travailleurs du village. Aujourd'hui restaurées les maisons Salou et Boédoc vous accueillent autour du Lochenn, abri en forme de coque de bateau renversée.

Ci-dessus : corps de garde de Menez-Ham, vue du rocher est, ci-dessous : corps de garde de Menez-Ham. -DM-

De l'île Vierge

Le grand phare de l'île Vierge. -DM-

AU FIL DU PARCOURS

D Rejoindre la côte et à gauche. Sur la route à Lostrouc'h, à gauche. Sur la route à droite. Au Reun, le sentier côtier en face. À la cale de Kastell Ac'h, **monument en mémoire des péris en mer**, **A/R en surplomb à gauche, site archéologique, l'île Vierge et ses 2 phares**. Longer la plage de Kervenni.

1 La route vire à gauche, descendre sur la plage pour retrouver le sentier. À la pointe, **l'île de Léac'h Venn au nord (variante A/R à l'île Wrac'h accessible selon les marées)**, au milieu entre ces 2 îles, **l'île Stagadon, lieu d'accueil de l'AJD du père Michel Jaouen.**

2 Au bout de la plage de Saint-Cava, monter le chemin en fin d'enrochement. À la fin de la route, à gauche. 150 m après à droite. Suivre par l'estran **l'embouchure de l'Aber Wrac'h**. Rejoindre le chemin à gauche. Au bout de l'anse de Kéridaouen, continuer tout droit.

3 Traverser la D 71. 80 m après, à droite. 1re route à gauche. 1re route à droite. Traverser la route de Camuel. 1re route à gauche, 1re à droite. À la sortie de Kergoussien, 1re à gauche. À **la maison avec un village miniature dans le jardin,** tourner à gauche. Au bout à gauche sur 130 m.

4 Tourner à droite vers Kernezen **(raccourci : tout droit)**. Au bout à gauche sur 600 m. Au croisement à droite sur 250 m. Prendre le sens interdit pour retrouver le sentier côtier.

5 Aller à gauche. À Bec ar Spins **(variante : tour de la pointe)**. Sur la route après la plage, à droite. À Roc'h Pelguent **à l'est, côte et plage de Guissény**. Traverser le parking à droite. Suivre le chemin. Passer la pointe de **Pors Grac'h, avec l'île Vénan au sud et l'île Vierge au nord**. Au bout de la plage de Kerlédut, la route en face et à gauche avant la cale. Au bout à droite.

à l'île Wrac'h

PLOUGUERNEAU

7

Les nuances de couleurs s'imprègnent ici du lien fort entre la terre et la mer. L'image un instant saisie donnera le ton pour une nouvelle coloration et un nouveau regard. Des refuges accessibles à pied, ou en kayak, mais toujours avec ce sentiment d'une autre terre, calme, reposante.

Balisage : blanc-rouge de D à 3 et 5 à D, pas de balisage de 3 à 4, jaune de 4 à 5

4 h 15

14,8 km

▼ 3 m

▲ 17 m

Dénivelée 137 m

Les phares de l'île Vierge et de l'île Wrac'h

Sur l'île Vierge, un premier phare est construit de 1842 à 1845. Toujours en fonction aujourd'hui, il est équipé d'un feu blanc d'une portée de 14 milles (25,9 km) et d'une corne de brume (signal sonore indiquant un obstacle ou danger par temps de brume). Un second phare est également construit de 1897 à 1902. Haut de 82,50 m, il est le plus haut phare d'Europe et le plus haut du monde réalisé en pierre de taille. Il est classé aux Monuments historiques depuis 2011. Son feu balaie l'horizon sur 52 km. L'île Vierge est accessible à pied uniquement aux grandes marées de plus de 105. Plus modeste, le phare de l'île Wrac'h, émet un feu à éclat rouge d'une portée de 7 miles (12,9 km). Il est accessible dans un créneau horaire de 3 h avant et 3 h après la marée basse. La maison et le jardin du gardien accueillent chaque été des expositions ou animations culturelles.

Ci-contre : phare de l'île Wrac'h, ci-dessous : phares de l'île Vierge. -DM-

ACCÈS AU DÉPART

À Plouguerneau, suivre la D 32, direction Saint-Michel, port du Coréjou. À 11,2 km, à La Martyre, tourner à gauche, vers Prat Menan. Stationnement : parking de Lostrouc'h, face au phare de l'île Vierge.

INTÉRÊTS

Site archéologique • Îles et ilots : Vierge, Léac'h Venn, Wrac'h, Stagadon et Vénan, l'aber Wrac'h

À proximité :

Nombreuses chapelles • Pont du Diable • Château de Kerouartz • Aber Benoît, aber Ildut, Guisség, Ménez Ham, Portsall

Accès à l'île Vierge par bateau, depuis le port de Perroz dans l'aber Wrac'h.

À Mazou, le port a conservé la tradition des poteaux permettant aux bateaux de s'amarrer. -DM-

AU FIL DU PARCOURS

D Au parking, suivre à droite, Rumorvan et **ses maisons de « maîtres de barques »**. Tourner à gauche vers **la chapelle Saint-Gildas**. En bas à droite. Au bout à gauche. À Kerdrévor, tourner 2 fois à gauche. Traverser la D 27, 30 m après, suivre le sentier à droite. Passer **le port de Cambarell où déchargent les goémoniers**.

1 Suivre la côte. Au large, **l'archipel de Molène et l'île d'Ouessant**. Sur la route, longer le muret à gauche **(raccourci : 2e à droite, route de Leurvéan)**. Sur le chemin, **A/R : four à goémon** et **ancienne poudrière**. Longer le **port de Melon et l'île du même nom**. Au Y, la route à gauche sur 150 m et tourner à gauche dans le sentier. Celui-ci s'écarte du littoral. Laisser en face **le port Mazou avec ses pieux caractéristiques permettant l'amarrage des bateaux**.

2 Suivre la route à droite puis Hent Mazou à gauche. Au Y à droite. Traverser la D 27. Suivre la rue en face. Continuer par le chemin à gauche. Passer **la chapelle-Saint Ourzal XVIIIe s.** Au croisement de chemin, à droite puis à gauche.

3 Couper la route. Laisser la route du camping Le Tromeur à droite, suivre le chemin en face. À Kergaradoc, descendre à droite sur 400 m. Prendre le chemin à gauche. Sur la D 27, rester à gauche sur 80 m, prendre le sentier entre le champ et l'entrée de propriété. Au bout à gauche, **variante : à droite** puis 1re à droite. À Kervrezol, à droite. Au **monument des FFI** à gauche. Traverser la route **(prudence)**.

4 Tourner à droite vers l'auberge. Sur la côte, monter quelques marches pour suivre le sentier côtier. Passer **l'ancien moulin à mer**. Longer **l'aber Ildut, refuge naturel pour pêcheurs et plaisanciers** jusqu'à tourner à gauche sur une venelle. Arriver à **l'église Saint-Ildut, 1786**.

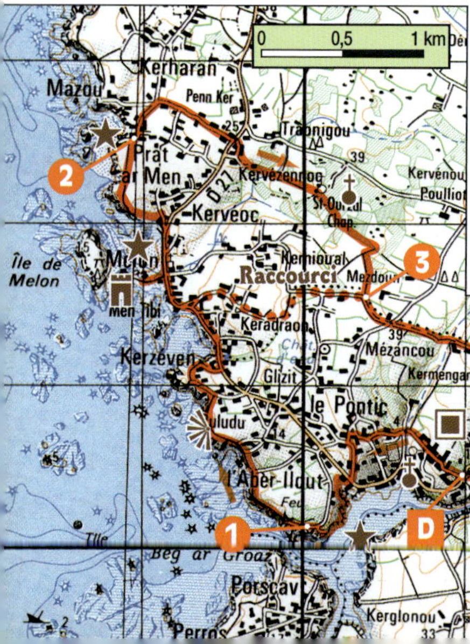
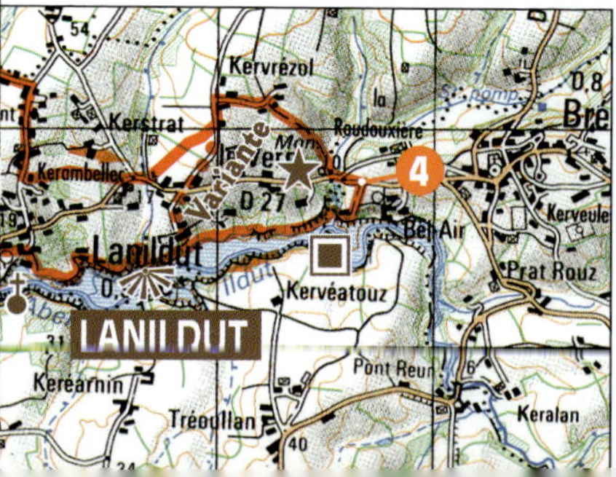

Aber Ildut

LANILDUT | PORSPODER | BRÉLÈS

8

L'obélisque de la place de la Concorde à Paris, repose sur un piédestal de granite de 200 tonnes provenant de l'anse du Stivel à Lanildut. Du vieux-breton lann, *ermittage, et* Ildut, *le moine, venu peut-être du Pays de Galles au* V*e siècle.*

Le premier port goémonier d'Europe
Une fois collecté le goémon était jusque dans les années 1960-70 séché en haut de dunes. Durant les 3-4 jours que durait le séchage il ne devait surtout pas prendre l'eau pour conserver toutes ses qualités. Les familles étaient mises à contribution pour qu'avant la moindre averse il soit mis en tas et protégé. Il en était également ainsi le soir pour éviter la rosée du matin. Brûlé dans des fours à même le sol, l'odeur pestilentielle qui s'en dégageait incommodait quelque peu le voisinage. Les cendres refroidies formaient des pains que l'on acheminait aux usines de transformation. Depuis la fin des années 1970, l'algue est directement séchée et conditionnée par les industriels qui en extraient la soude (fabrication du verre), de l'iode(industrie pharmaceutique), et un gélifiant (alimentaire).

Balisage : blanc-rouge de D à 2 et 4 à D, pas de balisage de 2 à 3, jaune de 3 à 4

4 h 30

14,2 km

▼ 3 m

▲ 44 m

Dénivelée 260 m

ACCÈS AU DÉPART

Stationnement : Lanildut, parking en face de l'église, près de l'Espace H. Queffélec.

ATTENTION : les ports sont des zones d'activités professionnelles, vous y entrez sous votre responsabilité. Respecter les espaces de travail.

INTÉRÊTS

Chapelle Saint-Gildas • Ports de Lanildut, de Melon, de Mazou • Archipel de Molène, l'île d'Ouessant • Four à goémon, ancienne poudrière • Chapelle Saint-Ourzal • Monument FFI • Ancien moulin à mer • Aber Ildut

À proximité :

Nombreux menhirs, dolmens et lavoirs • Manoir de Brescanvel • Château et jardins de Kergroadez • Saint-Renan, Le Conquet, aber Benoît, aber Wrac'h

Retour et déchargement du goémon au port de Lanildut. -DM-

Baie de Lampaul et

Les chèvres entretiennent les meilleures relations avec les visiteurs. -DM-

Les moutons d'Ouessant sont Gwenn ha Dû. -DM-

AU FIL DU PARCOURS

D Monter la route face à l'entrée de **l'église Saint-Pol-Aurélien** sur 100 m, direction phare du Créac'h. Aller tout droit quand la route vire à droite. Continuer par le sentier côtier. Longer **la baie de Lampaul, fermée au sud par la pointe de Penn ar Viler avec au loin le phare de la Jument**.

1 À Poull Guéguen, le sentier devient chemin, 80 m après les maisons tourner à gauche **au socle de pierre qui était la base d'un moulin**. Contourner par la droite **le fortin** (XIXe s.). Poursuivre par le bord de côte. À **la pointe de Pern, la ruine abritait le personnel chargé de l'entretien du phare de Nividic. Pour s'y rendre, ils utilisaient un téléphérique qui passait par les 2 pylônes encore visibles aujourd'hui**. Suivre le sentier côtier.

2 Passer près de **l'ancien sémaphore et monter sur les rochers pour dominer toute cette côte nord**. Laisser à droite **le musée des Phares et Balises et le phare légendaire du Créac'h ceint de ses bandes noires et blanches (raccourci par l'écomusée : rejoindre à droite le hameau de Niou Izella)**. Dans **l'anse de Beg Biniglou quelques phoques gris peuvent sourire au photographe**.

3 À Penn ar Ru Meur, laisser **l'île de Keller** à gauche et remonter le chemin vers Kerzoncou. Faire droite-gauche au carrefour suivant. À Kerveguen, contourner **l'ancien fort par la droite**. À la croix, aller à droite sur 150 m et tourner à gauche. Passer entre **les 2 retenues d'eau qui alimentent l'île en eau potable**. Remonter sur la route.

4 Au pylône, à droite et suivre tout droit. Au calvaire à droite. Longer **le quai de Porspaul**. Virer à droite à l'hôtel de la Duchesse Anne pour revenir sur l'église.

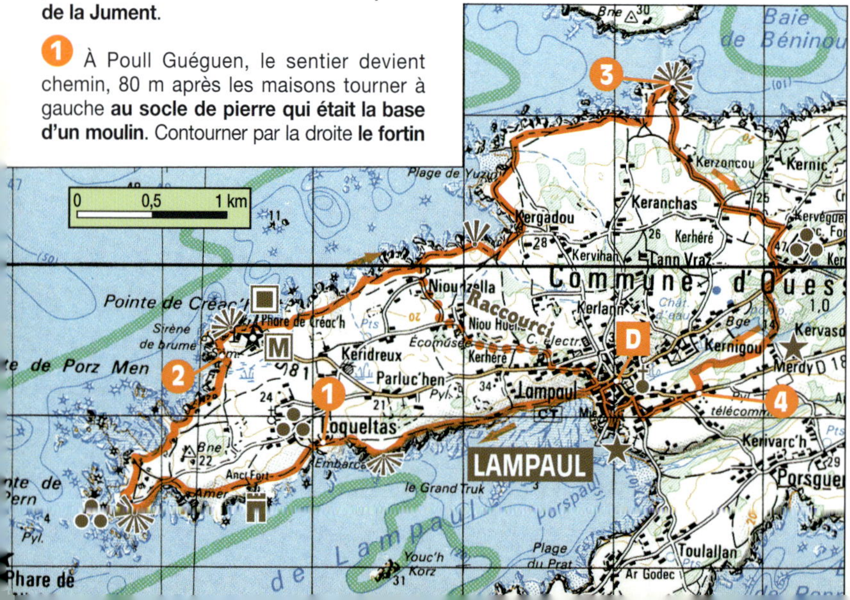

pointe de Créac'h

9

OUESSANT

Visitez l'écomusée du Nioul, qui vous montrera le peu d'espace dans lequel les Ouessantins vivaient. Au phare du Stiff, rendez visite à l'abeille noire d'Ouessant, qui non seulement a trouvé sur l'île une terre de reproduction mais fournit un miel délicieux vendu exclusivement ici.

Pas de balisage

4 h 30
14 km
▼ 3 m
▲ 37 m
Dénivelée 293 m

Les moulins d'Ouessant

En 1900, l'île comptait quelques 600 vaches, 400 chevaux et 700 porcelets. 785 ha de terre étaient cultivés soit près de la moitié de la surface disponible. Chaque exploitation disposait en moyenne de 60 ares répartis dans différents endroits de l'île. L'orge était la principale céréale produite. Au début du XXe siècle les grands moulins ne suffisaient pas pour assurer la production de farine, alors les Ouessantins se sont mis à construire de petits moulins. Ils étaient faits souvent de bois et métaux que la mer avait apportés. Si l'on en comptait plus de 100 avant la Seconde Guerre, ils ont petit à petit disparu avec l'approvisionnement en farine (et autres denrées) depuis le continent. Près du phare du Créac'h, deux viennent d'être reconstruits. Peut-être que le meunier vous ouvrira ses portes.

Moulin et phare du Créac'h. -DM-

ACCÈS AU DÉPART

Bateau depuis les ports de Brest et du Conquet. Avion depuis Brest Guipavas. Stationnement : au Conquet, parking en périphérie.
À Ouessant, prendre la navette pour vous rendre à l'église de Lampaul.

Tout visiteur d'une île repart avec ses déchets. Protection solaire pour la peau et les yeux, à terre et sur le bateau.

INTÉRÊTS

Église Saint-Pol-Aurélien • Baie de Lampaul, pointe de Penn ar Viler, phare de la Jument, pointe de Pern, phare de Nividic, paysage côtier, ancien sémaphore • Musée des Phares et Balises • Phare du Créac'h, anse de Beg Biniglou • Île Kélern • Porspaul

À proximité :

Écomusée du Nioul • Moulins d'Ouessant • Notre-Dame-du-Bon-Voyage, Notre-Dame-de-Bonne-Espérance • Phare du Stiff • Musée de l'Abeille noire d'Ouessant • Passage du Fromveur • Île de Molène

Entre fraises et

1 À **la croix de Toul ar Groaz, (prudence pour traverser)** en face et à droite. Au bout de la route, après la dernière maison, le chemin à droite. Sur la route, en face. Dans la courbe **les productions de fraises et tomates**. Tourner à la 1re rue à droite. Poursuivre par le chemin en face.

2 Au croisement à gauche puis à droite. Au **port de l'Auberlac'h**, à gauche le poulier - dénommé sillon- **cordon de galets formé par les courants**. Longer le quai, monter et passer à gauche des habitations.

3 Sur la route, 1re à gauche. Suivre le sentier en face **(A/R fontaine Saint-Rivoal)**. À Kerziou, à gauche et tout droit. La route vire à droite, suivre le chemin en face. Descendre le sentier qui passe sous la **table d'orientation, vue sur la rade de Brest, le Menez-Hom, l'école navale de Lanvéoc-Poulmic, l'île Longue,...** Sur la route, en face, à droite de la haie. 100 m après à gauche. 2 fois à droite pour contourner la crêperie, puis à gauche. Longer la plage à droite. Sur la route à gauche et suivre le sentier en face.

4 À la sortie du hameau à gauche. Longer **l'étang du Caro**. Après la digue, passer au pignon gauche puis sur l'arrière de l'ancienne auberge de Pen ar Pont, ne pas monter par la route **(raccourci : à droite)**. Suivre le balisage **(prudence route étroite)**.

5 À la table d'orientation de Kernisi, vue sur le **nord de la rade et la zone portuaire de Brest, Océanopolis, les ponts A. Louppe et d'Iroise qui enjambent l'Élorn**, descendre la route à gauche. Suivre le littoral à droite sur 500 m. Remonter à droite. Au T sur la route, à gauche sur 500 m puis le sentier à droite. Sur la route, à droite puis à gauche. Retour vers **la chapelle Sainte-Christine**.

AU FIL DU PARCOURS

D Descendre la rue du ruisseau Sainte Christine. Sur le sentier, au bout tourner à droite. Au Y à droite. Sur la route à gauche.

Bientôt dans votre assiette. -DM-

arbre à pommes 10

PLOUGASTEL-DAOULAS

Crêperie au hameau de Prat Meur. -DM-

Ce sont près de 40 km de littoral qui ornent une des plus vastes rades au monde. Entre chemin creux et sentiers des douaniers vous explorerez une presqu'île au patrimoine riche de ses 5 ports, 8 chapelles, 25 croix et plus de 150 hameaux.

Le Breuriez et l'arbre à pomme

Plougastel-Daoulas a longtemps vécu sur elle-même. De cette période elle a conservé la fête du Breuriez (frère en breton). Certainement d'origine celte, elle se déroule le 1er novembre pour commémorer les morts de la commune. Sur un sapin d'environ 1,50 m que l'on a peint, on a conservé 33 débuts de branches (chiffre impair obligatoire). Sur chacune des branches, l'acquéreur de l'année précédente plante de belles pommes. Alors que chants et prières sont déclamés, pain bénis et nèfles proposés à la vente, l'arbre est présenté par 3 fois à l'assistance avant d'être mis aux enchères. L'ancien possesseur conserve la pomme située au faîte de l'arbre. Le nouvel acquéreur lui, distribue les pommes restantes aux enfants présents. L'argent récolté est remis à la paroisse pour honorer les défunts par des messes et prières.

Balisage : jaune de D à 1 et 3 à D, pas de balisage de 1 à 2

5 h 45

16,9 km

▼ 3 m

▲ 88 m

Dénivelée 490 m

ACCÈS AU DÉPART

Depuis l'église de Plougastel, suivre direction Sainte-Christine.
Stationnement : passer entre l'ancienne école et la chapelle, parking devant l'entrée de l'ancienne école.

ATTENTION : prudence de 2 à 3, sentier étroit.

INTÉRÊTS

† ★ ▣ Croix de Toul ar Groaz • Productions de fraises et tomates • Poulier et port de l'Auberlac'h • Fontaine Saint-Rivoal • Rade de Brest • Étang du Caro • Chapelle Sainte-Christine

À proximité :

† ★ M Grand Calvaire de Plougastel • Chapelles Notre-Dame de la Fontaine Blanche, Saint-Adrien, Saint-Claude, Saint-Guénolé, Saint-Jean, Saint-Languis et Saint-Trémeur • Abbaye de Daoulas • Océanopolis • Monts d'Arrée

En haut : bâtisse construite en pierre de Logonna et kersantite. -DM-
En bas : moulin de la Mignonne. -DM-

L'abbaye de

AU FIL DU PARCOURS

D Monter les marches. Laisser à gauche **l'abbaye Notre-Dame de Daoulas, xiie s.**, (le porche-clocher xve s.) et **l'église paroissiale**. À la **chapelle Sainte-Anne (xve s.)** descendre la rue de l'église et ses **bâtisses en pierre de Logonna et kersantite**. Tourner à droite, rue du pont. Au carrefour, après **« La Mignonne », le moulin devenu écomusée de La Meunerie**.

1 Prendre à droite Circuit du Pouligou. **(raccourci : à gauche)**. Longer **la rivière de Daoulas** sur 700 m. Monter 200 m sur la route. Tourner à gauche vers Pouligou. Au bout de la route, continuer par le sentier qui part à droite. Arrivé sur la D 770, 60 m à droite puis à gauche.

2 Au calvaire, à gauche. 30 m après avoir débouché sur la route prendre le chemin à droite. À la croisée de chemin et au 1er calvaire, tout droit. Passer le 2e calvaire par la droite et descendre le chemin à gauche. Dans la descente, plonger dans le sentier à gauche. À Guern Dérédec, à droite, au carrefour à gauche.

3 En bas de la descente, pénétrer à droite dans le sous-bois. Traverser tout droit, passer le portillon. Laisser le court de tennis et le terrain de foot à gauche. Sortir par le portail en face. Traverser la D 33 **(prudence)**. Au Y, aller à gauche. Contourner les bâtiments par la droite. Au parking 2 fois à gauche pour emprunter la passerelle sur la droite. Pénétrer dans un sous-bois. Longer le cours d'eau.

4 Suivre la D 770 **(prudence)** à gauche. 100 m après, traverser le parking à droite. Passer « La Mignonne ». Sur la route, contourner le parking et le calvaire par le cheminement à droite. En haut à gauche, suivre la rue de Bel air. Au mur du cimetière, **(à droite, A/R à la chapelle Notre-Dame-des-Fontaines)** descendre à gauche. À la chapelle, à droite pour revenir au départ.

Daoulas

DAOULAS | IRVILLAC

11

Daoulas a honoré à sa façon les carrières de pierres qui l'environnaient. Les maisons intègrent aussi bien la kersantite, granite gris connu pour sa résistance, et la pierre de Logonna qui avec sa couleur ocre-blond illumine les bâtiments.

L'abbaye de Daoulas

Au XIIe siècle, Guyomarch IV, érige une abbaye pour expier le meurtre qu'il a commis sur la personne de son oncle Hamon, évêque du Léon. Elle fut consacrée en 1232, 14 ans après avoir été soumise au droit d'annate (impôt perçu par le pape) sur les prébendes (revenus découlant de la charge ecclésiastique) de la cathédrale de Quimper. Jouissant de très nombreux droits et rentes, l'abbaye prospéra jusqu'en 1771. Puis durant un siècle, les propriétaires privés se succéderont, certains détruisant le bâtiment principal et le cloître, d'autre construisant ce qui correspond aujourd'hui aux bâtiments administratifs. En 1880, François de Goësbriand débute une restauration de l'abbaye. Les sœurs franciscaines de Blois en firent une école puis une maison de repos de 1947 à 1984. Depuis cette date elle est propriété du Conseil général qui chaque année y propose un large éventail d'expositions.

Cloître de l'abbaye de Daoulas. -Crédit photo 3e de couv-

Balisage : pas de balisage de D à 1 et 3 à D, blanc-rouge/jaune de 1 à 2, jaune de 2 à 3

2 h 30

7,7 km

▼ 3 m

▲ 82 m

Dénivelée 166 m

ACCÈS AU DÉPART

Sur la D 333, au feu, suivre mairie-abbaye.
Stationnement : parking de l'abbaye, 300 m après la mairie de Daoulas.

ATTENTION : passages pouvant être humides entre 2 et 4 .

INTÉRÊTS

Abbaye Notre-Dame de Daoulas, porche-clocher, église abbatiale, chapelle Sainte-Anne • Bâtisses en pierre de Logonna • Écomusée de La Meunerie • Chapelle Notre-Dame-des-Fontaines

À proximité :

Calvaire de Plougastel-Daoulas • Enclos paroissiaux de Sizun, La Martyre et Ploudiry • Forêt domaniale du Cranou • Monts d'Arrée

Enclos de La

LA ROCHE MAURICE

AU FIL DU PARCOURS

D Quitter la place du **Château**, laisser à gauche **l'enclos paroissial** et descendre à droite rue du Morbic. Suivre sentier des crêtes. 15 m avant le rond-point prendre la route à gauche vers le moulin de Kermadec. Au moulin continuer tout droit le sentier qui longe la rivière.

Ossuaire de l'enclos paroissial de La Roche-Maurice. -DM-

1 À l'intersection de sentiers, prendre en face en surplomb de la D 764. Monter une route à gauche. Au croisement, prendre la route à droite pour traverser les hameaux de Kernescop puis Traon Gouzien.

2 À l'intersection suivante tourner à gauche. Après 600 m prendre le sentier à droite dans le bois noir. Suivre la route vers le village de La Martyre.

3 Laisser **l'enclos paroissial** à gauche. Au croisement suivant prendre à gauche vers la Roche-Maurice (**variante tout droit par voie cyclable**). Après 300 m suivre en face la voie sans issue qui devient chemin. À l'intersection continuer tout droit et 800 m après prendre à droite. Suivre la route à gauche.

4 Au Réuniou tourner à gauche. 250 m après, dans la courbe, prendre le chemin à gauche. Poursuivre jusqu'à la route et la suivre à droite. Après 500 m virer à gauche vers Pen ar Vern et dans la courbe prendre le chemin à gauche. Franchir le ruisseau et virer à droite et le longer. Suivre le sentier principal en sous-bois. Rejoindre l'intersection de sentiers en 1. Prendre à droite le sentier du Morbic pour revenir au départ.

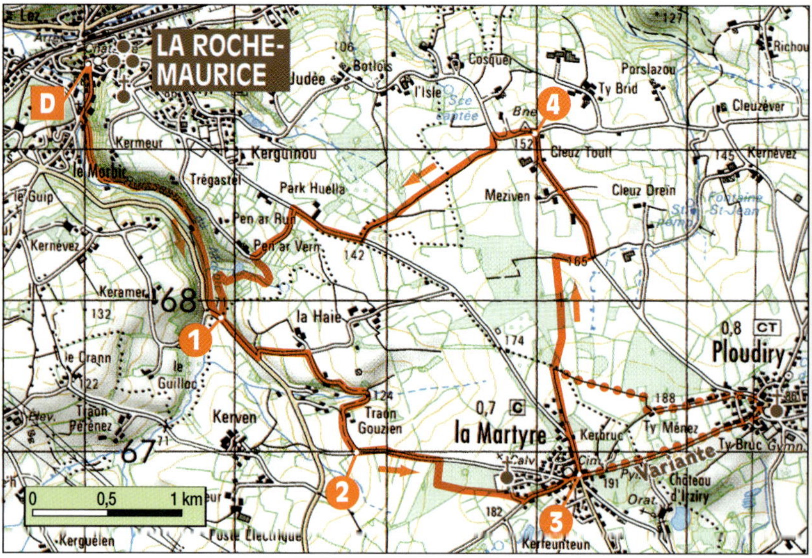

Roche-Maurice

12

LA MARTYRE | PLOUDIRY

La Roche-Maurice est une charmante cité qui surplombe la vallée de l'Élorn. Les grandes foires de La Martyre sont à l'origine de sa réputation et du bel enclos paroissial de ce village.

Chasse reliquaire de saint Salomon dans l'église de la Roche-Maurice.

Pas de balisage : 1 à 2 et 2 à 1
Balisage jaune : D à 1 et retour

4 h 40
13,8 km
▼ 29 m
▲ 190 m
Dénivelée 238 m

ACCÈS AU DÉPART

Stationnement : parking du château à La Roche-Maurice.

INTÉRÊTS

Ruines du château et enclos paroissial de La Roche-Maurice • Vallée du Morbic, enclos paroissial de La Martyre

À proximité :

Enclos paroissiaux de Landerneau, Tréflévenez, Pencran, Landivisiau et Ploudiry

Landerneau, « capitale de la coopération économique »

En 1911 « l'Office Central des Œuvres Mutuelles Agricoles du Finistère » voit le jour. Ses fondateurs, issus du monde agricole, lui donnent 3 objectifs : « unir, servir, et défendre les familles paysannes ». Des produits et services nécessaires au développement agricole sont alors mis en place : crédit (qui deviendra le Crédit Mutuel), assurance (Groupama), allocations familiales, etc. Devant les nouvelles nécessités économiques des années 1960, chaque secteur prit son indépendance, tout en conservant un fonctionnement coopératif. L'Office n'a plus aujourd'hui qu'un rôle de concertation et de réflexion, mais c'est bien grâce à lui que Landerneau est aujourd'hui la « capitale de la coopération ».

À gauche : bénitier de l'ossuaire de La Roche-Maurice représentant la Mort, à droite : porte triomphale de La Martyre. -DM-

Enclos paroissial de

AU FIL DU PARCOURS

D Face au porche de **l'enclos paroissial**, suivre à droite rue du Calvaire. Au stop, monter à droite sur 60 m, direction maison de retraite par rue Lividic, qui devient route de Pen ar Park. Rue de Paris, contourner le rond-point par la gauche et prendre à droite du calvaire le sentier botanique, circuit de Pont Hir. Descendre la route à droite et au stop à gauche.

1 Après le pont, prendre à droite direction Pleyber Christ et 20 m après à nouveau à droite direction boucle de Pont Hir (voie sans issue). Au niveau des silos passer à gauche du talus qui vous fait face et qui longe le che min, prendre le sentier (difficile à voir). Re joindre le chemin un peu plus loin. À l'entrée de Lohennec, prendre à droite puis à gauche La route vire à droite, suivre le chemin en face

2 À Lespoudou tourner à gauche (**raccour ci à droite**). Passer la voie ferrée et tout droit

3 Suivre la route et traverser le hameau de Limbahu. À l'intersection prendre à droite descendre 350 m et monter la route à gauche sur 140 m pour prendre le chemin à droite Traverser Le Fers.

4 À l'intersection prendre en face. Après 500 m suivre à droite. Après la **chapelle Sainte-Brigitte** suivre vers Cos quer. 500 m après le hameau de Kervilit tourner à gauche sur la route. Passer sur la voie ferrée 150 m après le pont virer à droite vers Lescoat, au calvaire du Kef prendre le chemin à gauche.

5 À Cougn prendre à gauche puis à droite sur la D 118 et 60 m après à nouveau à gauche. Au car refour aller à droite circuit de Pont Hir-Prat Guen. Dans une courbe suivre le balisage tout droit, pas ser la barrière. À Guélébara, suivre la route principale qui ramène au départ.

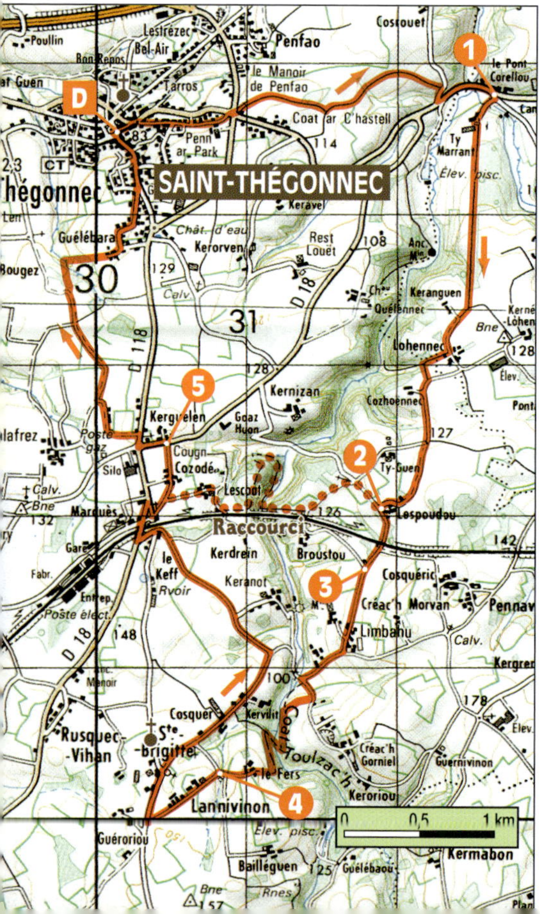

Saint-Thégonnec

13

SAINT-THÉGONNEC | PLEYBER-CHRIST

Édifié du XVIe au XVIIIe siècle, l'enclos aroissial de Saint-Thégonnec est ertainement le plus complet au niveau rchitectural. Malgré un incendie en 1998, ous pourrez admirer le retable de otre-Dame-le-Vray-ecours.

tail du calvaire de aint-Thégonnec. -DM-

Balisage : D à 1 jaune ; 2 à 3 et 4 à D : blanc-rouge ; 1 à 2, 3 à 4 : pas de balisage

5 h 40

16 km

▼ 56 m

▲ 152 m

Dénivelée 330 m

ACCÈS AU DÉPART

Stationnement : parking près de la mairie de Saint-Thégonnec.

INTÉRÊTS

- Enclos paroissial de Saint-Thégonnec, chapelle Sainte-Brigitte

À proximité :

- Morlaix, les enclos paroissiaux de Pleyber-Christ, Loc-Eguiner-Saint-Thégonnec, Guimiliau, Lampaul-Guimiliau

Les financeurs des enclos paroissiaux

Les Juloded(s) étaient des paysans-marchands très actifs dans la région du Léon (entre Morlaix et Brest). Ils eurent leur âge d'or aux XVIIe et XVIIIe s. grâce au commerce des toiles de lin et de chanvre qu'ils exportaient dans toute l'Europe. Alphabétisés et disposant de petites fortunes, ils formaient un groupe social non reconnu officiellement mais très bien implanté. C'était une sorte d'aristocratie locale, respectant les valeurs traditionnelles, qui n'existait qu'en milieu rural. On naissait Julod, et on ne pouvait le devenir autrement que par mariage, sans distinction entre homme et femme. Très impliqués dans la vie du Conseil de Fabrique, ils financèrent un grand nombre de monuments que l'on trouve aujourd'hui dans les enclos paroissiaux.

Enclos paroissial de Saint-Thégonnec : à gauche, la porte triomphale ; au centre, la chaire à prêcher. -DM-

Tourbières et mont Saint-

AU FIL DU PARCOURS

D Laisser le camping et la mairie à gauche et descendre la rue à droite vers Creisquer-Libist-Le Lac. Au carrefour suivant tourner à droite, suivre Libist.

1 À l'intersection de chemins, prendre à droite circuit du Yeun. À Kernévez, suivre la route à gauche. 300 m après, tourner à droite direction circuit du Yeun. Traverser les **tourbières** et suivre le chemin ou sentier principal. Dans la montée tourner à gauche et peu après à droite.

2 Suivre le chemin à droite (**AR à droite, alignements mégalithiques**) et arriver à la D 785.

3 La couper et prendre le sentier à droite e direction du mont Saint-Michel.

4 Traverser la route et monter les marche en face vers le **mont Saint-Michel de Bras parts et sa chapelle**. Descendre et traverse le parking dans sa longueur pour rejoindre l sentier qui descend. Ce sentier a de multiple ramifications. Rejoindre la route. La suivre droite et 20 m après, prendre le chemin gauche puis à droite pour passer au pied d relais de télévision. Toujours suivre le sentie principal et atteindre le sommet du **Ménez Kador**.

5 Redescendre vers la Croix Cassée e gagner la D 785. La traverser. Au bar, cou per la route qui va vers Botmeur et prendr le sentier à gauche du pignon de la maiso rose. À Botcadc suivre la route gauche.

6 À Balane Ber, prendre gauche. Au cé dez le passage suivre la route droite pour reve nir au départ.

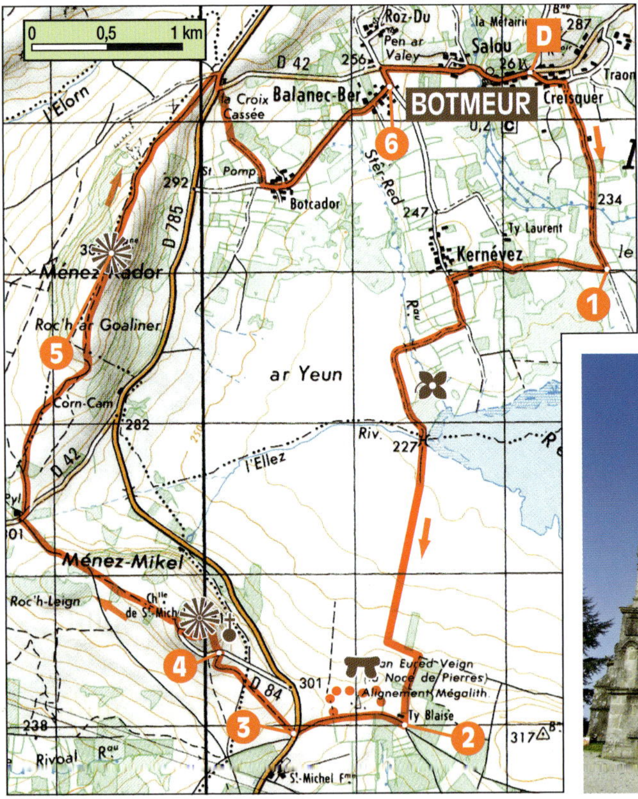

Église de Brasparts. -D.

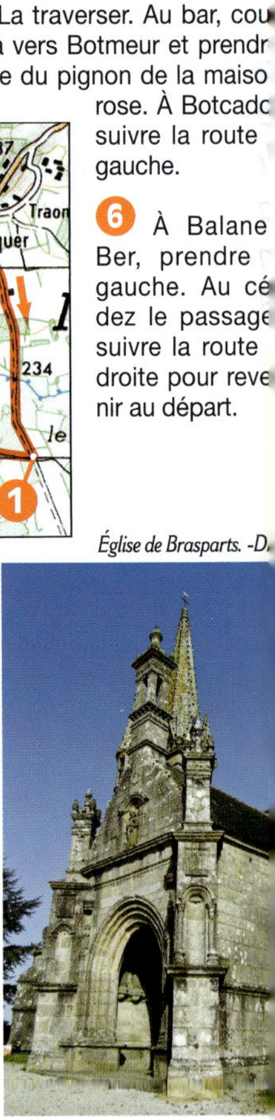

Michel de Brasparts 14

SAINT-RIVOAL | SAINT-CADOU

Chapelle Saint-Michel de Brasparts. -DM-

Au pays du Yeun Elez « les portes de l'enfer », à travers les tourbières du lac Saint-Michel, vous rejoindrez le mont Saint-Michel de Brasparts. Peu après vous goûterez au plaisir de la montagne au Ménez Kador, à presque 400 mètres d'altitude.

Les tourbières du Yeun Elez.
La tourbe noire du Yeun Elez était extraite en mai et juin, à l'aide d'une pelle de fer (le louchet). On en tirait des mottes, que l'on faisait sécher à même le sol. Ensuite, ces mottes étaient retournées à de nombreuses reprises, et seulement à la fin de la moisson elles étaient amenées à la ferme. Dans une région où le bois manquait, et grâce à son excellente combustion, elles servaient au chauffage de la maison et à la cuisine. En 1936, la mise en eau du barrage Saint-Michel, sur une zone de 360 ha dont 38 ha de tourbières, a sonné le glas du métier de tourbier.

Pas de balisage : D à 1, 3 à 4 et 5 à D
Balisage jaune : 1 à 2 et 4 à 5
Balisage blanc-rouge : 2 à 3

5 h 30
16,2 km
▼ 227 m
▲ 382 m
Dénivelée 319 m

ACCÈS AU DÉPART

Stationnement : parking vers la mairie et le camping de Botmeur.

ATTENTION : après la pluie, les tourbières peuvent être difficiles d'accès.

INTÉRÊTS

Lac Saint-Michel, les tourbières, la chapelle et le mont Saint-Michel de Brasparts

À proximité :

Enclos paroissiaux de Brasparts, Commana, Sizun • Chaos et forêt de Huelgoat, forêt du Cranou

Paysages des monts d'Arrée. -DM-

Enclos paroissial

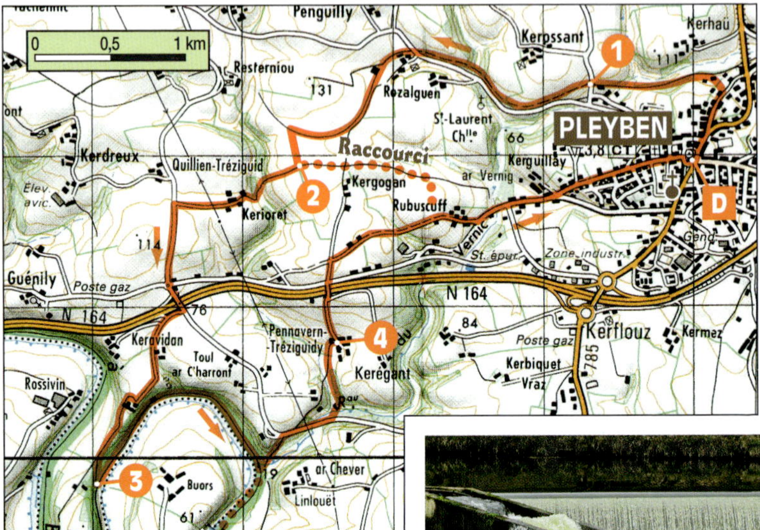

Écluse et passe à poissons sur le canal de Nantes à Brest. -DM-

AU FIL DU PARCOURS

D Laisser **l'enclos paroissial** à gauche et descendre la D 785. Après 180 m bifurquer à gauche sur la rue des Écoles. En bas de la descente, tourner à gauche rue de Ster Glanvez. À l'ancienne ligne de chemin de fer, prendre à gauche.

1 Couper la route et continuer en face. En arrivant à Penguilly, contourner la maison de garde barrière, pour prendre la route à sa droite vers Maner Coz. Au Y suivant aller à gauche, traverser la ferme et prendre le sentier en face à droite du talus, alors qu'un

Borne kilométrique sur le canal de Nantes à Brest. -DM-

chemin passe à gauche du talus. À la fi[n] de la grande courbe, à l'intersection avec [2] chemins, prendre celui qui part sur l'arrièr[e] gauche.

2 Au carrefour en T (**raccourci prendre à gauche**) tourner à droite, suivre le sentier qu[i] devient route. Au carrefour tourner à gauche. Après le pont sur la N 164, descendre la route à droite vers Écluse de Lothey. Contourner le manoir coz, et suivre la route jusqu'au panneau voie sans issue, descendre à gauche direction canal de Nantes à Brest.

3 Suivre la berge du canal à gauche. Tourner à gauche juste avant un pont de pierre (**AR écluse et passe à poissons de Coa[t] Pont, 10 mn**), remonter le chemin en face e[t] tourner à droite à l'intersection. Avant que la route ne remonte, tourner à gauche. Franchi[r] la rivière et suivre le chemin.

4 Au hameau, tourner à gauche. Prendre la 2e route à droite après le pont sur la N 164. Au carrefour après Rubuscuff, prendre à gauche et tout droit pour revenir à l'enclos paroissial.

de Pleyben

15

PLEYBEN

Entouré de part et d'autre par les monts d'Arrée et les montagnes Noires, Pleyben présente un paysage agricole et verdoyant. Sur ce territoire le canal de Nantes à Brest attire le canard colvert, le martin pêcheur, ou le héron cendré.

Pas de balisage : D à 1
Balisage jaune : 1 à D

4 h 45
13,5 km
▼ 17 m
▲ 118 m
Dénivelée 321 m

Les trains du réseau breton

À la fin du XIXe s. l'arrivée du train donna un nouvel essor à toute la Bretagne. Il y avait les lignes « grands réseaux » (écartement de 1,435 m entre les rails) Paris-Rennes-Brest ou Savenay-Quimper-Brest, et les lignes métriques (écartement d'1 m entre les rails) qui ne fonctionnaient que sur une voie. C'est de la gare centrale de Carhaix que partaient en étoile ces différentes lignes. La ligne Carhaix-Pleyben fut ouverte le 30 août 1904 sur 42 km, et Pleyben-Châteaulin le 4 août 1906 pour 13 km.

ACCÈS AU DÉPART

Stationnement : place Charles De Gaulle à Pleyben, près de l'enclos paroissial.

INTÉRÊTS

† ★ Enclos paroissial de Pleyben • Écluse et passe à poissons de Coat Pont

À proximité :

† ★ Enclos paroissial de Brasparts • Bords du canal de Nantes à Brest avec Pont Coblan, Châteauneuf du Faou, Châteaulin

Ci-dessous : enclos paroissial de Pleyben. Ci-contre : ossuaire de Pleyben. -DM-

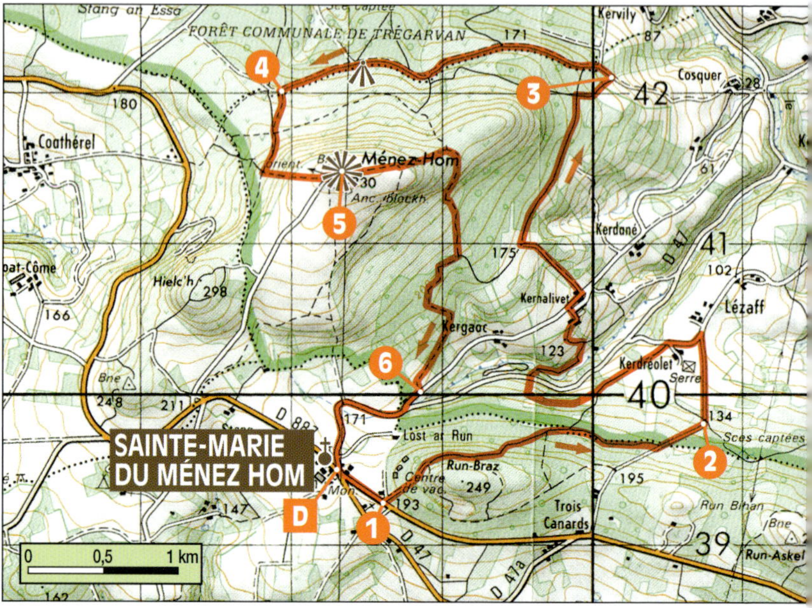

AU FIL DU PARCOURS

D De **l'enclos paroissial** partir vers Châteaulin par la D 887 sur 300 m.

1 Prendre à gauche et de suite à droite le circuit panoramique de Sainte-Marie. Après le centre équestre suivre un sentier qui part à gauche. Continuer toujours tout droit.

2 Suivre la route à gauche. Au carrefour prendre à gauche, à Kerdréolet prendre le chemin en face qui devient sentier. Traverser la D 47 et descendre le chemin en face. En haut de la côte après Kernalivet, suivre les balisages, tourner à droite et continuer jusqu'à l'intersection.

3 Tourner à gauche. Suivre ce chemin en lisière de bois sur 2,5 km **(vue sur le Ménez Hom à gauche)**.

4 Au carrefour prendre à gauche le circuit Lost ar run. 150 m après un arbre isolé le sentier monte à gauche en ligne directe vers le sommet.

5 Au sommet **(panorama sur 360°)**, passer les 2 tourelles (la 2e est une balise géodésique) et descendre un chemin empierré jusqu'à un replat. A l'intersection indiqué circuit Lost ar run, tourner à droite. Le sentier accidenté par endroit, débouche sur un large chemin empierré. L'emprunter à droite et arriver à une route.

6 La suivre à droite puis à l'intersection à nouveau à droite pour rejoindre Sainte-Marie du Ménez Hom.

Ménez Hom, la ligne de crête. -DM-

Le Ménez Hom

PLOMODIERN | DINÉAULT | TRÉGARVAN

16

Depuis le bel enclos paroissial dédié à Sainte-Marie, vous gravirez le mythique Ménez Hom. Haut de 330 mètres, il domine la rade de Brest au nord, la presqu'île de Crozon à l'ouest, la baie de Douarnenez au sud, et les monts d'Arrée à l'est.

-DM-

Le pont de Térénez

Au début du XXe s., pour se rendre de la presqu'île de Crozon à Brest, il fallait prendre un bac à Térénez ou à Dinéault. Compte tenu de l'accroissement des activités, un pont de bois fut inauguré en 1925. Les Allemands, dans leur retraite, le détruisirent en 1944. Ce n'est qu'en 1952 qu'un pont en béton rétablit la liaison. Atteint de ce que l'on appelle le « cancer du béton », il fallait lui trouver un successeur. La construction du nouveau pont, adopté en 1998, devait respecter des contraintes esthétiques, de préservation de l'environnement tout en fluidifiant un trafic intense. Ouvert depuis le printemps 2011, ce pont semble répondre à toutes les attentes avec à la clef un record. En effet, il détient le record du monde de portance en courbe avec 144 haubans soutenant un tablier de 515 mètres.

Pas de balisage :
D à 1, 5 à D
Balisage jaune :
2 à 3 et 4 à 5 ;
blanc-rouge : 3 à 4

5 h 40
15,3 km
▼ 95 m
▲ 330 m
Dénivelée 448 m

ACCÈS AU DÉPART

Sainte-Marie-du-Ménez Hom, sur D 887 ente Châteaulin et Telgruc-sur-Mer Stationnement : parking à l'intersection de route avec Plomodiern.

ATTENTION : quelques passages à fortes déclivités.

INTÉRÊTS

Enclos paroissial de Sainte-Marie du Ménez Hom • Le Ménez Hom

À proximité :

Enclos paroissial d'Argol, abbaye de Landévenec • Pont de Térénez • Locronan

Enclos paroissial de Sainte-Marie du Ménez Hom. Ci-contre : croix du calvaire. -DM-

Baie de Douarnenez depuis le sommet du Ménez Hom. -DM-

Sentier de randonnée au printemps. -DM-

AU FIL DU PARCOURS

D Par le chemin longeant le parking, suivre la flèche sentier côtier. Au bout prendre à gauche et 220 m après à droite, direction sentier côtier.

1 Sur le littoral, suivre à droite cap de la Chèvre (**vue sur la baie de Douarnenez et l'île Vierge**). À hauteur de l'île monter le sentier à droite.

2 Sortir du bois à l'anse Saint-Nicolas. Après la pointe de Men Coz, dans la lande rase, à l'intersection de sentiers prendre à gauche (**vue sur le cap Sizun**). Suivre le sentier qui remonte vers le Sémaphore et arrive aux **monuments en mémoire des disparus de l'aviation**. Atteindre une esplanade (**vue sur la pointe du Raz, l'île de Sein, la pointe de Pen Hir et les Tas de Pois**) et continuer 700 m.

3 En haut d'une montée difficile bifurquer légèrement à droite et 30 m après tourner à droite. Rejoindre la route et la suivre à gauche, puis 180m après à droite pour pénétrer dans **Rostudel**. Face à la voie sans issue, tourner à gauche et 100 m après encore à gauche. Continuer le chemin qui devient sentier et arrive à la route. La suivre à droite sur 180 m.

4 Emprunter le sentier à gauche. À **Kerroux** virer à droite et prendre le 2e sentier à gauche. Suivre le sentier le plus à droite pour arriver à **Ménesguen**.

5 Virer à droite et de suite à gauche. Après 200 m continuer à droite, suivre le sentier en face, légèrement à droite (**vue sur la pointe de Pen Hir et les Tas de Pois**). Sur le chemin, prendre à droite. Avant le cédez le passage, descendre à gauche puis à droite (**église de Saint-Hernot**). Suivre tout droit pour revenir au départ.

Le cap de la chèvre

17

CROZON-MORGAT

Les bois de pins, puis les landes d'ajoncs et de bruyères laissent la place à un paysage de rocailles. Après le cap de la chèvre vous découvrirez de jolis hameaux autrefois habités par les pêcheurs agriculteurs de la presqu'île.

Balisage jaune :
D à 1, 3 à 4
Pas de balisage :
2 à 3, 4 à D
Balisage blanc-rouge :
1 à 2

5 h 05

13,3 km

▼ 30 m

▲ 100 m

Dénivelée 462 m

Les sémaphores

Depuis que l'homme navigue, il n'a eu cesse d'observer tout ce qui venait de la mer. Au XVIIe s., Colbert crée la Ferme Générale et équipe les Gabelous (les premiers douaniers) de pataches (bateaux) pour la surveillance sur l'eau. En 1862 un service dédié à la surveillance des côtes depuis la terre sera créé. Cela a déclenché une nouvelle vague de constructions de sémaphores tout au long des côtes françaises. Leur fonction de surveillance du trafic sur l'ensemble du littoral français, s'est doublée d'une mission d'alerte et d'assistance aux navires et marins en difficulté. À partir des années 1960, l'électronique s'est progressivement substituée à la présence humaine dans les sémaphores.

ACCÈS AU DÉPART

À Crozon suivre direction Cap de La Chèvre.
Stationnement : parking du musée des Minéraux.

INTÉRÊTS

Île Vierge, cap de La Chèvre • Anciens villages de pêcheurs • Église de Saint-Hernot • Musée des Minéraux

À proximité :

Fortin et ruine de Kador • Grottes de Morgat • Alignements mégalithiques de Lostmarc'h et Ty ar C'huré • Four à Chaux de l'Aber

La pointe de Pen Hir et les Tas de Pois. -DM-

Longère au hameau de Rostudel. -DM-

ATTENTION : de fortes déclivités, dans la première partie.

Pen Hir

La pointe de Pen Hir, un beau spot pour l'escalade. -DM-

AU FIL DU PARCOURS

D Partir à l'opposé de la digue (**A/R la tour Vauban Patrimoine Mondial de l'UNESCO et N.D. de Rocamadour XVIIe s.**) et longer la plage pour trouver le sentier côtier. Passer à gauche de l'ancien fortin et arriver à la pointe du Grand Gouin (**vue sur la pointe des Espagnols et le goulet de Brest, la pointe Saint Mathieu**). Descendre le sentier à droite..

1 Traverser la route et rejoindre la dune. Partir à gauche de **la plage de Pen Hat**. Monter le sentier en direction des ruines du **manoir du Coecilian qui fut la résidence du poète Saint-Pol-Roux** et rejoindre la route. La suivre à droite et longer **les alignements de Lagatjar**. Dans la courbe, prendre le chemin à droite en direction des maisons (**raccourci : tout droit**) et tourner de suite à gauche. 50 m après bifurquer à droite.

2 Emprunter le sentier côtier à gauche. Passer le mémorial et ses ancres marines. Continuer jusqu'à **la croix de Lorraine, vue sur pointe du Raz et île de Sein au sud, îles de Molène et Ouessant qui se confondent au nord et pointe Saint-Mathieu**. Passer **les Tas de Pois et pointe de Pen Hir** et ses falaises d'escalade. Le sentier surplombe l'anse de Pen Hir. À **la plage de Veryac'h**, la route sans issue redevient sentier.

3 Au parking suivant prendre la route à gauche. Traverser le vieux village de Kermeur. Descendre rue du Kermeur. Au rond-point, en face rue L. Pasteur, passer à gauche de l'église et suivre rue Toussaint Le Garrec jusqu'au quai. Tourner à gauche et remonter celui-ci pour revenir au départ.

et les Tas de Pois 18

CAMARET

Il faut visiter le port de Camaret avec la tour Vauban et Notre-Dame de Rocamadour. Ensuite le chemin grimpe sur les hauteurs et la vue couvre toute la mer d'Iroise, la pointe du Raz et les îles de Sein, Ouessant et Molène.

La tour Vauban. -DM-

Balisage blanc-rouge :
D à 1, 2 à 3
Pas de balisage : 3 à D

3 h 55
11 km
▼ 3 m
▲ 61 m
Dénivelée 295 m

ACCÈS AU DÉPART

Stationnement : à Camaret, esplanade au début de la digue d'accès à la tour Vauban.

INTÉRÊTS

Manoir de Coecilian • Mégalithes de Lagatjar • Pointe de Pen Hir et les Tas de Pois, plage de Veryac'h

À proximité :

Cap de la Chèvre, pointe des Espagnols, Crozon-Morgat • Château de Dinan

Géologie en presqu'île de Crozon et monts d'Arrée

Entre réchauffements, plissements et refroidissements, des paysages surprenants se sont formés sur cette partie du massif armoricain. C'est la diversité qui prédomine : granite sur les falaises du cap Sizun, grès armoricain au Ménez Hom, à la montagne Saint-Michel, au chaos de Huelgoat, schistes et quartzite dans les monts d'Arrée. Sur la plage de Veryac'h, à Camaret, vous pourrez observer des grès et schistes calcaires dans lesquels sont renfermés de nombreux mollusques et autres vers fossilisés (trilobites, graptolites, bylobites,..). Une visite au musée des Minéraux de Saint-Hernot complètera agréablement vos connaissances en géologie.

Camaret. -DM-

De Saint-Mathieu au

AU FIL DU PARCOURS

D Rejoindre **les ruines de l'abbaye bénédictine Saint-Mathieu, XIe-XVe s.** Au **phare qui domine l'entrée du goulet de Brest, et la presqu'île de Crozon** aller à droite **(A/R à gauche vers la chapelle Notre-Dame-des-Grâces)**. Passer entre le sémaphore et la côte pour rejoindre **le fortin, XIXe s.** et **le mémorial des marins morts pour la France** qui font face au **phare des Pierres Noires et au sud de l'archipel de Molène.** Longer la mer pour passer la pointe de Penzer.

1 À la plage de Porz Liogan **(raccourci : à droite)**. À **la pointe des Renards, les anciens bâtiments de Radio Conquet, font face aux îles Béniguet, Molène et Ouessant** descendre la rue. Longer la plage. En sortie de courbe, descendre les escaliers **(prudence)**. Arriver sur **le port du Conquet, embarcadère pour les îles et port de pêche**, suivre le passage central pour traverser parking et zones de stockage.

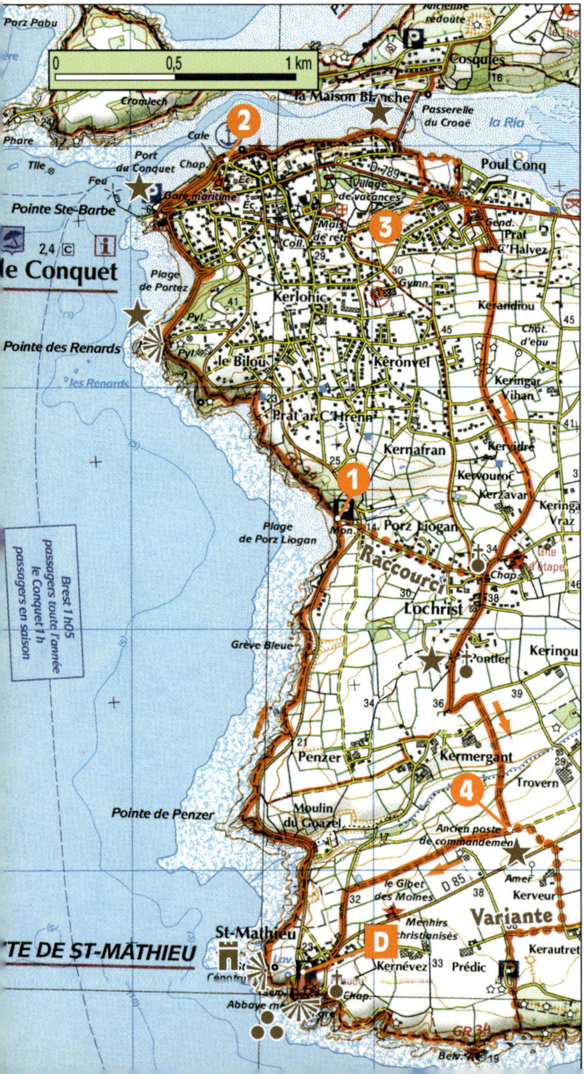

2 Au carrefour, à gauche. Suivre la route en bord de mer. Au bout du quai du Drellac'h descendre l'escalier à droite. Laisser une maison isolée à gauche, et suivre le sentier en face. Laisser à gauche **la passerelle du Croaré**. Tourner à droite puis à gauche après le centre « Les Dauphins ». Avant le sable, suivre le sentier à droite **(variante : selon marée, tout droit)**.

3 Sur la route, suivre à gauche sur 250 m. Monter à droite, rue des Îles. Longer le parking des Îles. Suivre en face le sentier pour contourner un champ. Toujours tout droit. Traverser 2 routes. À la 3e à droite. Passer **la chapelle de Lochrist**. 280 m après **la croix et le phare de Pont l'Her**, tourner à gauche puis à droite au 1er chemin.

4 Au bout, à droite **(laisser à gauche les 2 amers servant à la navigation des bateaux, variante : à gauche)**. Sur la route à gauche pour retrouver l'abbaye.

port du Conquet

19

PLOUGONVELIN | LE CONQUET

La ria (ou aber) du Conquet. -DM-

Balisage : blanc-rouge de D à 3, pas de balisage de 3 à D

3 h 25

10,5 km

▼ 4 m

▲ 50 m

Dénivelée 243 m

Pour les terriens, Saint-Mathieu est l'un des 4 sites de départ en Bretagne pour engager un pèlerinage vers Saint-Jacques-de-Compostelle. Pour les marins, c'est le signe après une longue traversée du calme retrouvé.

ACCÈS AU DÉPART

Sur la D 789, suivre la D 85, Plougonvelin, pointe Saint-Mathieu.

ATTENTION : les ports sont des zones d'activités professionnelles, vous y entrez sous votre responsabilité. Respecter les espaces de travail.

La pointe Saint-Mathieu

« Rien de sinistre et formidable comme cette côte de Brest ; c'est la limite extrême, la pointe, la proue de l'ancien monde. Là, les deux ennemis sont en face : la terre et la mer, l'homme et la nature. Il faut la voir quand elle s'émeut, la furieuse, quelles monstrueuses vagues elle entasse à la pointe Saint-Mathieu, à cinquante, à soixante, à quatre-vingts pieds ; l'écume vole jusqu'à l'église où les mères et les sœurs sont en prières. Et même dans les moments de trêve, quand l'océan se tait, qui a parcouru cette côte funèbre sans dire ou sentir en soi : *Tristis usque ad mortem !* »

Jules Michelet, Histoire de France, 1861, Ed. Chamerot, Paris (tome II, pages 10-11)

INTÉRÊTS

Phare et ruines de l'abbaye Saint-Mathieu • Chapelle Notre-Dame-des-Grâces • Sémaphore, fortin, mémorial aux marins, port du Conquet, passerelle du Croaré • Chapelle de Lochrist • Croix et phare de Pont l'Her

À proximité :

Pointe de Kermorvan, pointe de Corsen, aber Ildut • Gibet des Moines, Anse et Fort de Bertheaume • Fort et phare du Petit Minou

Abbaye, sémaphore et phare de Saint-Mathieu vu de la mer. -DM-

Soleil levant au camping de Molène. -DM-

Molène, capitale

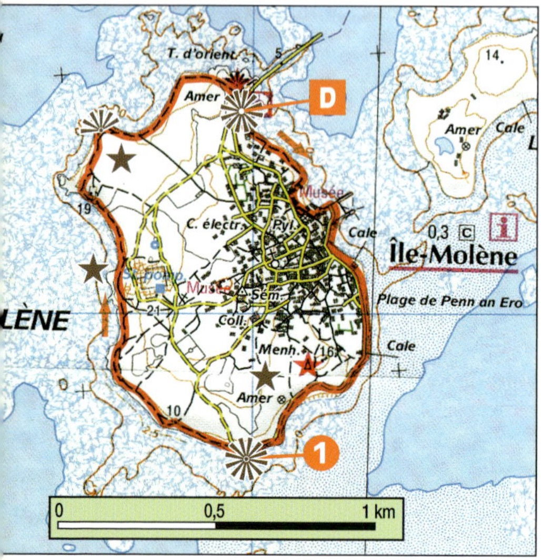

Notre-Dame-du-Bon-Retour. -DM-

AU FIL DU PARCOURS

D Du quai de débarquement, en début de montée, prendre le chemin à gauche des bâtiments en bois. Cheminer sur le sentier entre les maisons et le bord de mer. À la maison avec véranda blanche, le sentier vire à droite pour passer au pignon de celle ci. Tourner sur la rue à gauche. À la patte-d'oie suivre à gauche en direction du port. Au bout, prendre la ruelle à gauche. Sur le port tourner à droite. Longer le port et la plage, suivre la route qui passe en bas de la digue et devient chemin puis sentier. Après avoir passé l'amer (aide à la navigation maritime), on peut voir, creusés et empierrés, **d'anciens fours à soude pour brûler le goémon sec**.

1 À la pointe de Beg ar Loued (**site archéologique du Néolithique, vue sur les îles de Triélen et Quéménes entourées de nombreux îlots**). Et, près du calvaire, derrière un haut talus se trouve un **impluvium**. Dans le passage du Fromveur, **vue sur le phare de Kéréon et Ouessant**. Continuer au plus près du trait de côte pour arriver près de la statue N-D-du-Bon-Retour et de **la table d'orientation**. Rejoindre la digue en passant à droite de son muret.

Paysage de Molène. -DM-

des goémoniers

20

MOLÈNE

L'île de Molène située dans la mer d'Iroise a une superficie de 72 ha. C'est l'île la plus importante de l'archipel de Molène qui comprend 9 îlots principaux.

Les goémoniers

Dans un habitat très sommaire fait de galets, sable et mottes de terre, sans aucun mobilier, les *Pigouillers* (du nom de la faux avec laquelle ils décrochaient le goémon) rejoignaient les îles, de mai à octobre. Le travail était d'une pénibilité extrême. Le goémon était cueilli sur l'estran (portion du littoral sujet à la marée) ou coupé directement dans l'eau puis transbordé sur le bateau. À terre, le goémon était séché avant la phase de brûlage. Le résidu était compacté en pains de 70 kg qui étaient finalement envoyés sur le continent. La motorisation et la mécanisation ont bouleversé le travail dans les années 1970. Désormais la collecte se fait essentiellement par bateau. Les algues sont envoyées à l'usine alors qu'elles sont encore mouillées. Aujourd'hui le goémon est utilisé dans l'industrie agro-alimentaire (E 440, E 405,etc.) et dans les cosmétiques.

Ancien four à soude (dit aussi à goémons). -DM-

Aucun balisage sur l'île de Molène

1 h 15

3,7 km

▼ 3 m

▲ 14 m

Dénivelée 64 m

ACCÈS AU DÉPART

Bateaux depuis les ports de Brest ou du Conquet. Stationnement : au Conquet, sur le port ou à proximité.

Tout visiteur d'une île repart avec ses déchets
Protection solaire pour la peau et les yeux.
Randonnée à jumeler sur 2 jours avec Ouessant.

INTÉRÊTS

★ Four à goémon • Site archéologique du néolithique • Impluvium qui collecte les eaux pluviales pour les besoins des îliens • Passage du Fromveur et phare de Kéréon

À proximité :

★ Île d'Ouessant • Île de Quéménez

Embarquement pour les îles, au Conquet. -DM-

Locronan, sur les pas

Tombeau de saint Ronan. -DM-

AU FIL DU PARCOURS

D Descendre au bout du délaissé, traverser la route et suivre le chemin côté opposé. À l'intersection de sentiers descendre à droite, en bas de la descente, à gauche. Sur la route descendre à droite puis suivre à gauche Rodou Glaz. À Kermenguy, **vue sur les plages du Porzay qui forment le fond de la baie de Douarnenez, avec la presqu'île de Crozon au nord**.

1 Par la droite longer la route sur 20 m et traverser à gauche vers le Mez (prudence). Prendre à droite avant la ferme. Suivre la route. À Kergoat Névez prendre le chemin en face, puis à la grosse pierre pénétrer à gauche dans le **bois de Névet**.

2 Longer le grillage à gauche. Tourner à gauche sur le chemin et après la maison forestière suivre la route qui part à droite vers le parking. Avant le stop prendre le chemin à droite. Rejoindre la route et la suivre à droite. Au carrefour, tourner à droite vers Park Tri Horn et remonter le chemin jusqu'à la D 63 **(raccourci : route en face)**.

3 Longer la D 63 à droite 150 m (prudence) et monter le chemin à gauche après le muret. À la 2e route, prendre à droite et 60 m après monter le chemin à gauche.

4 Au carrefour en T, en bas de la descente tourner à gauche. Descendre la route à droite **(à gauche manoir de Kerguénolé)**. À la verrerie suivre rue du Four. Sur la place à Locronan **(église, chapelle du Pénity, vieilles maisons de tisserands)**. Aller à droite et tourner à gauche rue Moal pour arriver à la **chapelle de Bonne- Nouvelle et sa fontaine**. Passer à droite de celle-ci et revenir au départ.

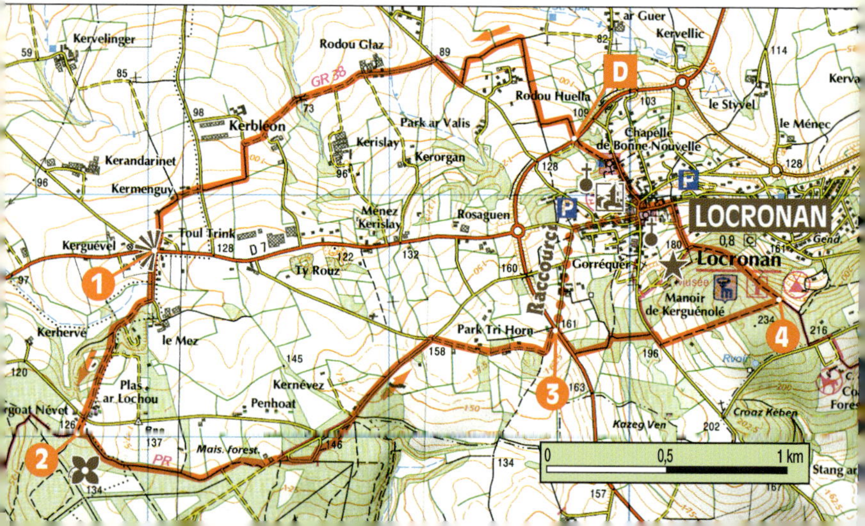

de saint Ronan

21

LOCRONAN

La montagne de Locronan est un des plus hauts sommets des Montagnes noires à 289 mètres d'altitude. Elle est intimement liée à l'histoire de saint Renan et de la Kebren, une druidesse celtique qui s'opposera aux préceptes du moine chrétien.

La grande Troménie

Les druides celtes avaient délimité un quadrilatère (dénommé nemeton ou névet) d'une douzaine de kilomètres, comportant douze points dont chacun définissait les 12 mois de l'année. Quand saint Ronan, moine venu d'Irlande au VIe s., créa son ermitage près de l'actuel chapelle de Pénity, il prit pour habitude, chaque jour de la semaine, d'en parcourir une petite partie. Et le dimanche de faire une plus grande promenade dénommée Troménie (du breton Tro = tour, et minihi = espace monastique).
Il y a la petite Troménie qui fait 3 km et que l'on doit faire 6 années pour obtenir le pardon, si l'on ne peut faire la grande qui elle se déroule tous les 6 ans en parcourant les 12 km que l'ermite empruntait le dimanche.
S'il ne le fait pas de son vivant le croyant devra le faire après sa mort en avançant chaque année de la longueur de son cercueil.

Calvaire et chapelle Notre-Dame-de-Bonne-Nouvelle. -DM-

Balisage : bleu/blanc-rouge D à 2 et 4 à D ; jaune 2 à 3 ; vert 3 à 4 et 5 à 6

2 h 50

8,6 km

▼ 67 m

▲ 229 m

Dénivelée 216 m

ACCÈS AU DÉPART

Par la D 63, dans le sens Quimper Plonévez-Porzay. Stationnement : 350 m après le rond-point avec la route de Douarnenez, à droite, aire de stationnement sur le délaissé de l'ancienne route.

INTÉRÊTS

★ Bois de Névet • Manoir de Kerguénolé • Église Saint-Ronan et chapelle du Pénity (reliques de saint Ronan) • Vieilles maisons de tisserands • Chapelle Notre-Dame-de-Bonne-Nouvelle et fontaine Sainte-Eutrope

À proximité :

★ Douarnenez et le Port Rhu • Sainte-Anne-La-Palud • Plonévez-Porzay, Ménez Hom • Plogonnec • Quimper

Les falaises

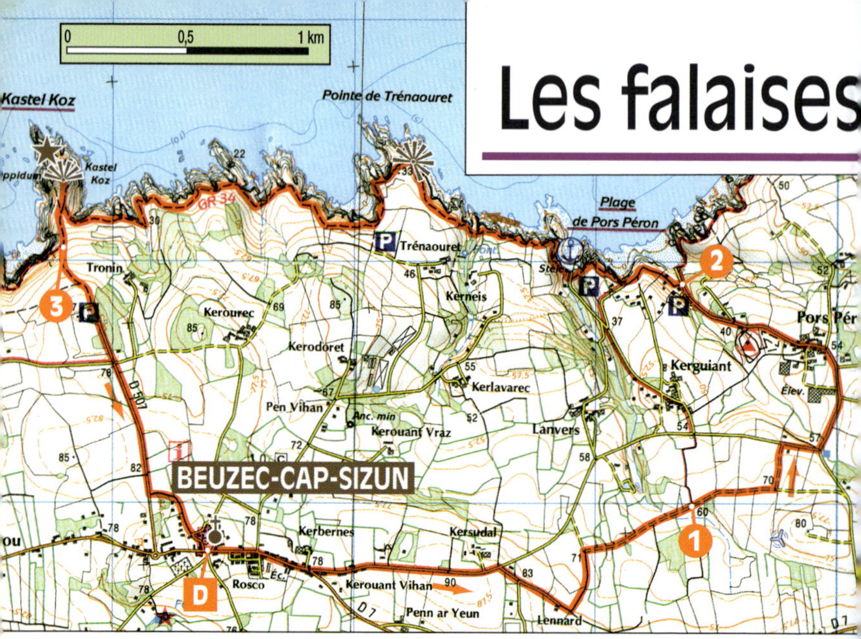

AU FIL DU PARCOURS

D De **l'église Saint-Budoc** suivre la D 7 vers Douarnenez, à 450 m prendre à gauche la C 213. À Kersudal, prendre la route à droite, à la fourche tout droit. Intersection suivante, prendre le chemin à gauche, puis 300 m après à droite.

1 Suivre tout droit sur 900 m et tourner à gauche à hauteur de l'éolienne. Suivre la route à droite et 150 m après à gauche vers Porz Péron, camping. À Porz Péron suivre la route tout droit.

2 À Porz Péron, 70 m avant la plage tourner à gauche et retrouver le sentier côtier. À la pointe de Trénaouret **(vue sur la baie de Douarnenez, et la presqu'île de Crozon)**. Suivre le sentier. Faire une boucle vers **la pointe de Kastel koz : vue sur le cap de la Chèvre au nord et par beau temps la pointe Saint-Mathieu, les îles de Molène et Ouessant au nord-ouest**. Des traces d'un **oppidum** sont encore visibles sur cette même pointe.

3 En revenant de la pointe de Kastel koz délaisser le sentier côtier à droite et tourner à gauche pour arriver sur un parking. Suivre la D 507, vers une maison en forme de bateau renversé tourner à gauche et rejoindre l'église

L'église Saint-Budoc de Beuzec-Cap-Sizun. -DM-

du Cap Sizun

BEUZEC-CAP-SIZUN

22

De magnifiques points de vue sur une côte où les criques succèdent aux plages dans un relief accidenté. En symbiose avec le paysage les habitants ont un fort tempérament.

Le phare de la Vieille et le raz de Sein. -DM-

La mer d'Iroise

La mer d'Iroise est l'espace compris entre la pointe du Raz, l'île de Sein, Ouessant et la région des Abers au nord de Brest.

Les courants qui remontent du golfe de Gascogne et ceux qui descendent de la Manche se rencontrent dans cette zone, créant de très fortes turbulences maritimes. Parsemés d'écueils, certains passages peuvent-être dangereux à la navigation, notamment le passage du Fromveur, entre Molène et Ouessant, ou le raz de Sein, entre l'île et la pointe du Raz. En 1988 la mer d'Iroise a été classée Réserve Biosphère pour sa biodiversité par l'UNESCO. En 2007 le premier Parc Naturel Marin de France voit le jour en mer d'Iroise. Où que vous soyez sur son territoire, vous aurez entendu parler de ses noms mythiques, avec les phares de la Jument, la Vieille, Pierres-Noires, ou encore ses pointes, Saint-Mathieu, cap de la Chèvre, du Raz…

La pointe de Kastel Koz et le cap de la Chèvre à l'horizon. -DM-

Balisage jaune : D à 1, et 3 à D
Pas de balisage : 1 à 2
Balisage orange/blanc-rouge : 2 à 3

3 h 15
10,5 km
▼ 12 m
▲ 91 m
Dénivelée 305 m

ACCÈS AU DÉPART

Stationnement : place de la Mairie de Beuzec-Cap-Sizun.

Difficulté : dénivelée importante sur littoral.

INTÉRÊTS

★ Pointe de Trénaouret • Pointe de Kastel Koz et son oppidum

À proximité :

Chapelle de Lescogan • Bateau de Saint-Conogan (menhir couché) • Moulin de Kériolet • Allée couverte de Kerbalannec Vraz • Menhir de Luguénez

Engrenage et trémie du moulin de Kériolet. -DM-

Sein sous un grain. -DM-

La mer, le ciel,

AU FIL DU PARCOURS

D Depuis le quai sud, suivre quai des Paimpolais. Longer le **musée de l'Abri du Marin**. Passer entre le **phare de Men Brial** à la tourelle verte, et le **musée du Sauvetage en mer**, **vue sur la pointe du Raz, la baie des Trépassés et la pointe du Van**.

1 Laisser le bâtiment de la gare maritime à gauche. Suivre la route **(A/R église Saint-Guénolé et menhirs « Les Causeurs »)**, 20 m après la crêperie Men Brial, tourner à droite juste après le muret qui arrive de la cale. Passer sur l'herbe entre maisons et rochers. À gauche, avant la pointe de An Nifran, les ruines d'un moulin à vent. Franchir le passage entre rochers, revenir sur l'herbe et passer derrière le cimetière. Après le **mémorial des Français Libres** suivre la route jusqu'au bout.

2 Par la droite, contourner **le grand phare de l'île de Sein, au pied duquel est abritée la centrale électrique qui alimente l'île**. Vue au large sur **la Chaussée de Sein, et ses innombrables rochers**. De la digue **(A/R à la chapelle Saint-Corentin)** rejoindre l'amer « plas ar scoul », le contourner par la droite puis virer à gauche.

3 Longer l'estran et avant les premières maisons, à gauche **(cimetière des Cholériques créé lors de l'épidémie de choléra de 1885)**. Revenir au bourg par la route. Sur le port, **variante par la digue, prudence selon vents et marées**. N'hésitez pas à emprunter les petites ruelles étroites, bonnes protections contre les vents forts et les embruns, et découvrir un village et ses habitants de façon plus intime.

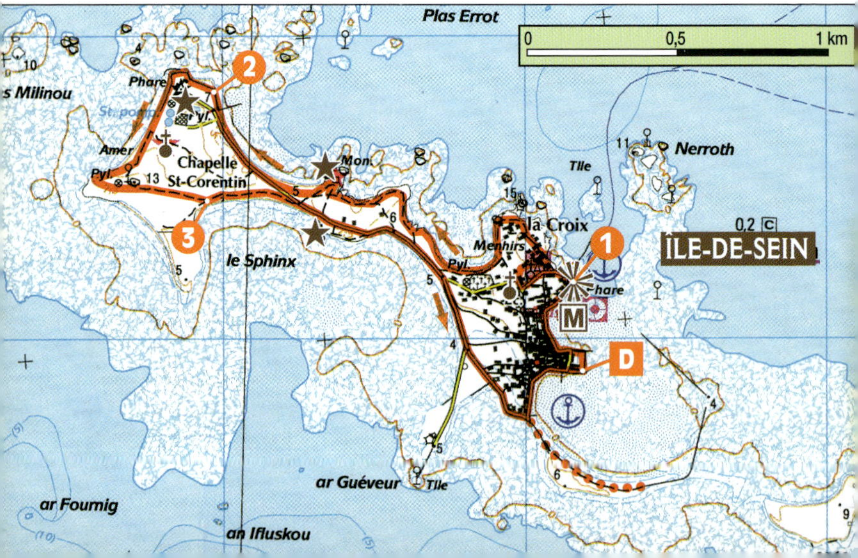

et l'île de Sein

ÎLE-DE-SEIN

23

Un passage par le raz de Sein pour rejoindre une île que l'on croirait hors du temps. Pas de voiture, ni vélo, c'est à pied que vous parcourez les ruelles et chemins. Faites le plein d'air iodé et de paysages en goûtant au plaisir des vents marins.

Entre la mer et le ciel, ... (L.Cappart, chanteur, natif de l'île de Sein)

L'île de Sein est le prolongement granitique de la pointe du Raz qui sur 25 km, doucement, s'enfonce dans la mer. À l'ouest de l'île, les innombrables rochers affleurant sont de véritables repères pour les congres, bars, dorades,… mais aussi zones de grands risques pour les marins. En 1817, Beautemps-Beaupré signalait que « Le grand plateau de roche connu sous le nom de Chaussée de Sein est tellement dangereux, dans toute son étendue, que nous pouvons affirmer que tout navigateur qui le traversera, sans le secours d'un bon pilote de l'île de Sein, ne devra son salut qu'à un heureux hasard ». En 1867, à l'extrémité ouest de la Chaussée de Sein débuta une construction difficile qui donna naissance à un phare mythique, Ar Men. Allumé en 1881 il a, avec ou sans gardien, évité de nombreux échouages, comme tous ceux de la mer d'Iroise, Kéréon, Pierres-Noires, le Stiff...

La chapelle Saint-Corentin, face à la Chaussée de Sein. -DM-

Pas de balisage

1 h 50

5,6 km

▼ 1,5 m

▲ 6 m

Dénivelée 45 m

ACCÈS AU DÉPART

À Audierne, suivre cale de Sainte-Evette, embarcadère île de Sein.
Sur l'île de Sein, selon la marée et la houle, 2 quais de débarquement (D et 1) sont possibles.
Stationnement : parking à proximité de l'embarcadère à Sainte-Evette.

INTÉRÊTS

Musée de l'Abri du Marin, musée du Sauvetage en mer • Église Saint-Guénolé • Menhirs « les Causeurs » • Mémorial des Français Libres • Grand phare (visitable en été) • Chapelle Saint-Corentin • Cimetière des Cholériques

À proximité :

Pointes du Raz et du Van • Baie des Trépassés, • Cap Sizun • Audierne • Pont-Croix

La nature est ici très fragile : pas de bâtons de marche, ramener vos déchets et ceux de votre chien (tenu en laisse) dans les poubelles, ne prélever aucune plante, ne pas déplacer pierres et galets. Protection solaire, lunettes et crème conseillées.

La baie d'Audierne

Passerelle de la plage des Capucins. -DM-

AU FIL DU PARCOURS

D Traverser le parking de l'embarcadère. Au début de la digue prendre le sentier à droite. Passer **le phare et la pointe de Lervily, vue sur la baie d'Audierne**. Suivre le sentier pour arriver aux **fours à goémon et aux mâts qui permettaient de le hisser sur la grève**.

1 Monter dans la prairie et prendre le chemin de droite. Suivre la route tout droit, à l'intersection aller en face puis 20 m après, à droite.

2 Suivre la route à gauche **(raccourci à droite)**. Après Kerboul, à la 1ère intersection tourner à droite. Dans la courbe à droite tourner à gauche et de suite à droite après la maison. 300 m après Kérandraon, en sortie de courbe, prendre à droite.

3 Tourner à gauche, traverser le bois et suivre les rues, Racine, Rousseau, et en face Desmoulins. Passer à droite de **l'église Saint-Raymond**. En bas de l'escalier, suivre à droite rue Laënnec **(vieilles maisons)**. Traverser la place de la République et rejoindre les quais.

4 Longer le port. Emprunter **la passerelle** de la plage des Capucins, **(vue sur l'église de Poulgoazec)**. Suivre le quai pour arriver au « **Mat Fenoux** » **signal qui indiquait aux marins les bancs de sable à l'entrée du Goyen**. Au môle, **du phare Raoulic, vue sur la baie d'Audierne et l'embouchure du Goyen**. Suivre la plage de Trescadec, en bord de route, où les pieds dans l'eau (selon la marée).

5 Passer **la chapelle Sainte-Evette** pour revenir au départ.

de Carnoët

30

QUIMPERLÉ | CLOHARS-CARNOËT

Au cœur de la forêt de Toulfoën, l'étang des Tailleurs. -DM-

Stèle de Kerguéguen. -DM-

Des larges chemins aux sentiers escarpés, la forêt domaniale de Carnoët appelée aussi Toulfoën, vous offre les parfums de mousse et de bois. À la saison, à travers taillis et futaies de hêtres et de chênes découvrez les champignons bretons.

Le fleuve Laïta

Les rivières de l'Ellé et de l'Isole se rejoignent à Quimperlé pour former la Laïta. Ce fleuve côtier, tributaire des marées, a été un axe fluvial auxiliaire du trafic maritime jusqu'au XVIIIe s. Les chasses-marées qui descendaient la Laïta transportaient les coupes de bois de la forêt de Toulfoën. Celles-ci approvisionnaient les chantiers de fabrication de tonneaux bordelais et servaient aussi à la construction des navires de la Compagnie des Indes à Lorient. À leurs retours, ils ramenaient vins et pierres calcaires de Bordeaux, et céréales ou bois des bords de la Loire. L'arrivée du train en 1899 marqua le déclin de ce mode de transport.

Pas de balisage : D à 1 et 2 à 3
Balisage blanc-rouge : 1 à 2 et 3 à D

4 h 40
14,6 km
▼ 3 m
▲ 65 m
Dénivelée 280 m

ACCÈS AU DÉPART

Sur la D 49, sens Quimperlé Clohars-Carnoët, à l'auberge de Toulfoën, tourner à droite, vers la maison forestière de Poulfanc.
Stationnement : parking à gauche sur le croisement de Poulfanc.

ATTENTION : avant les points 5 et 6 passages pouvant être humides.

INTÉRÊTS

Stèle de Kerguéguen • la Laïta • Château de Carnoët • Rocher Royal • Port de la Véchêne

À proximité :

Ancienne abbaye Saint-Maurice • Guidel • Le Pouldu • Kerfany • Ria de Doélan • Merrien • Brigneau • Pont-Aven

Également disponibles en librairie

Chamina EDITION

35 rue du Pré-la-Reine - 63028 Clermont-Ferrand cedex 2
Tél. 04 73 92 81 44 - Fax 04 73 74 80 62
info@chamina.com
www.chamina.com

Dépôt légal : mars 2013

Responsabilités : les indications fournies dans le présent ouvrage : itinéraires, hébergements, ressources, son[t] exactes au moment de son édition. Les modifications pouvant intervenir par la suite sur le terrain ne pourraient e[n] aucun cas engager la responsabilité des auteurs ni celle de Chamina Édition. Il en est de même pour les accident[s] de toute nature pouvant survenir aux utilisateurs lors de leurs randonnées. Néanmoins toutes remarques ou observations qui seraient formulées seront examinées avec attention.